ESTUDOS CULTURAIS EM EDUCAÇÃO

Revisão técnica:

Ricardo Boklis Golbspan
Bacharelado em Comunicação Social
Mestrado em Educação

E74e   Escosteguy, Cléa Coitinho.
          Estudos Culturais em Educação / Cléa Coitinho
    Escosteguy; [revisão técnica: Ricardo Boklis Golbspan]. –
    Porto Alegre: SAGAH, 2018.

        ISBN 978-85-9502-305-5

        1. Estudos interculturais. I. Título.

                                                 CDU 304.4

Catalogação na publicação: Karin Lorien Menoncin CRB-10/2147

ESTUDOS CULTURAIS EM EDUCAÇÃO

Cléa Coitinho Escosteguy
Graduação em Letras/Literatura
Especialista em Literatura Brasileira
Mestrado em Processos e Manifestações Culturais

Porto Alegre
2018

© SAGAH EDUCAÇÃO S.A., 2018

Gerente editorial: *Arysinha Affonso*

Colaboraram nesta edição:
Gerente editorial: *Arysinha Affonso*
Editora responsável: *Carolina R. Ourique*
Preparação de original: *Lara Pio de Almeida e Marina Leivas Waquil*
Capa: *Paola Manica | Brand&Book*
Editoração: *Kaéle Finalizando Ideias*

> **Importante**
> Os links para sites da Web fornecidos neste livro foram todos testados, e seu funcionamento foi comprovado no momento da publicação do material. No entanto, a rede é extremamente dinâmica; suas páginas estão constantemente mudando de local e conteúdo. Assim, os editores declaram não ter qualquer responsabilidade sobre qualidade, precisão ou integralidade das informações referidas em tais links.

Reservados todos os direitos de publicação à
SAGAH EDUCAÇÃO S.A., uma empresa do GRUPO A EDUCAÇÃO S.A.

Rua Ernesto Alves, 150 – Bairro Floresta
90220-190 – Porto Alegre – RS
Fone: (51) 3027-7000

SAC 0800 703-3444 – www.grupoa.com.br

É proibida a duplicação ou reprodução deste volume, no todo ou em parte, sob quaisquer formas ou por quaisquer meios (eletrônico, mecânico, gravação, fotocópia, distribuição na Web e outros), sem permissão expressa da Editora.

IMPRESSO NO BRASIL
PRINTED IN BRAZIL

APRESENTAÇÃO

A recente evolução das tecnologias digitais e a consolidação da internet modificaram tanto as relações na sociedade quanto as noções de espaço e tempo. Se antes levávamos dias ou até semanas para saber de acontecimentos e eventos distantes, hoje temos a informação de maneira quase instantânea. Essa realidade possibilita a ampliação do conhecimento. No entanto, é necessário pensar cada vez mais em formas de aproximar os estudantes de conteúdos relevantes e de qualidade. Assim, para atender às necessidades tanto dos alunos de graduação quanto das instituições de ensino, desenvolvemos livros que buscam essa aproximação por meio de uma linguagem dialógica e de uma abordagem didática e funcional, e que apresentam os principais conceitos dos temas propostos em cada capítulo de maneira simples e concisa.

Nestes livros, foram desenvolvidas seções de discussão para reflexão, de maneira a complementar o aprendizado do aluno, além de exemplos e dicas que facilitam o entendimento sobre o tema a ser estudado.

Ao iniciar um capítulo, você, leitor, será apresentado aos objetivos de aprendizagem e às habilidades a serem desenvolvidas no capítulo, seguidos da introdução e dos conceitos básicos para que você possa dar continuidade à leitura.

Saiba mais

Traz dicas e informações extras sobre o assunto tratado na seção.

Fique atento

Alerta sobre alguma informação não explicitada no texto ou acrescenta dados sobre determinado assunto.

Exemplo

Mostra um exemplo sobre o tema estudado, para que você possa compreendê-lo de maneira mais eficaz.

Link

Indica, por meio de *links*, informações complementares que você encontra na Web.

https://sagah.com.br/

Todas essas facilidades vão contribuir para um ambiente de aprendizagem dinâmico e produtivo, conectando alunos e professores no processo do conhecimento.

Bons estudos!

SUMÁRIO

Unidade 1

Educação e cultura: aspectos conceituais 11
   O conceito de educação 11
   Conceito de cultura 14
   A relação entre educação e cultura 17

Cultura: aspectos conceituais 25
   A invenção da cultura 25
   O que é cultura? 28
   Manifestações culturais 31

Cultura e educação: relações de diálogo 41
   A relação entre educação e cultura 41
   Manifestações culturais da escola 43
   O valor da escola nas manifestações culturais 46

Unidade 2

Prática pedagógica em cultura e o cotidiano escolar 53
   As diferenças culturais no cotidiano escolar 53
   O valor da prática pedagógica cultural para o educando 56
   Práticas culturais criativas no interior da escola 59

Por uma perspectiva interdisciplinar no ensino da cultura: a
articulação dos saberes no dia a dia na sala de aula 67
   O ensino da cultura e a interdisciplinaridade 68
   Articulação dos saberes 69
   A prática cultural no dia a dia da sala de aula 71

Unidade 3

Processos didático-pedagógicos e as múltiplas dimensões da
cultura, dos conteúdos, métodos e procedimentos escolares
e não escolares em arte 79
   Processos didático-pedagógicos e as múltiplas dimensões culturais 80
   O ensino da arte na escola 84
   Conteúdo, método e procedimento não escolar em arte 87

A cultura e a sociedade 91
  O conceito de cultura 91
  O conceito de sociedade 93
  Cultura e sociedade 95

Unidade 4

Processo de construção da cultura da humanidade e objeto da produção do conhecimento científico 101
  Processo de construção da cultura da humanidade 102
  O objeto da produção do conhecimento científico 103
  Manifestações culturais no desenvolvimento educacional da humanidade 105

Parâmetros Curriculares Nacionais (PCNs): diversidade cultural 111
  Os parâmetros curriculares da diversidade cultural 111
  Práticas escolares sobre a diversidade cultural 113
  Projetos envolvendo a diversidade cultural 115

Gabarito 121

UNIDADE 1

Educação e cultura: aspectos conceituais

Objetivos de aprendizagem

Ao final deste texto, você deve apresentar os seguintes aprendizados:

- Construir o conceito de educação.
- Reconhecer o conceito de cultura.
- Identificar a relação entre educação e cultura.

Introdução

A aproximação entre cultura e educação é estratégica para a qualificação da educação brasileira e para o desenvolvimento do país. Com mais atenção ao conceito de cultura, o ensino de crianças, adolescentes, jovens e adultos pode ser mais adequadamente vinculado às experiências culturais e artísticas das comunidades em que os alunos vivem.

Neste capítulo, você vai estudar o conceito de educação, bem como o de cultura, relacionando-os entre si e refletindo sobre sua importância no interior das escolas e de suas comunidades.

O conceito de educação

Educação (do latim *education*) é a forma nominalizada do verbo educar. Aproveitando a contribuição de Romanelli (1960), diremos que educação veio do verbo latino *educare*. Nele, temos o prevérbio *e-* e o verbo *ducare, dúcere*. No itálico, donde proveio o latim, *dúcerese* prende à raiz indo-europeia *DUK-*, grau zero da raiz *DEUK-*, cuja acepção primitiva era levar, conduzir, guiar. *Educare*, no latim, era um verbo que tinha o sentido de "criar (uma criança), nutrir, fazer crescer". Etimologicamente, poderíamos afirmar que educação, do verbo educar, significa "trazer à luz a ideia" ou, filosoficamente, fazer a criança passar da potência ao ato, da virtualidade à realidade. Possivelmente, esse vocábulo deu entrada na língua no século XVII.

Para Libâneo (2002), educar, que advém do latim *educare,* é conduzir de um estado a outro, é modificar numa certa direção o que é suscetível de educação. O ato pedagógico pode, então, ser definido como uma atividade sistemática de interação entre os seres sociais, tanto no nível do intrapessoal como no nível da influência do meio. Essa interação se configura numa ação exercida sobre sujeitos ou grupos de sujeitos, visando a provocar neles mudanças tão eficazes que os tornem elementos ativos dessa própria ação exercida (LIBÂNEO, 2002).

Segundo Saviani (1991), a educação é concebida como produção do saber, pois o sujeito é capaz de elaborar ideias, possíveis atitudes e uma diversidade de conceitos. O ensino como parte da ação educativa é visto como processo, no qual o professor é o "produtor" do saber e o aluno é o "consumidor" do saber. A aula seria produzida pelo professor e consumida pelo aluno. O professor, por ter competência técnica, é o responsável pela transmissão e socialização do saber escolar, cabendo ao aluno aprender os conteúdos para ultrapassar o saber espontâneo, caracterizando o ensino formal.

Segundo Gimeno Sacristán (2001), a educação contribuiu consideravelmente para fundamentar e para manter a ideia de progresso como processo de marcha ascendente na História. Assim, ajudou a sustentar a esperança em alguns indivíduos, em uma sociedade, em um mundo e em um porvir melhores. O autor diz que a fé na educação se nutre da crença de que esta possa melhorar a qualidade de vida, a racionalidade, o desenvolvimento da sensibilidade, a compreensão entre os seres humanos, o decréscimo da agressividade, o desenvolvimento econômico ou o domínio da fatalidade e da natureza hostil pelo progresso das ciências e da tecnologia propagadas e incrementadas pela educação. Conforme Libâneo (2002), em várias esferas da sociedade surge a necessidade de disseminação e internalização de saberes e modos de ação, levando a práticas pedagógicas. Mesmo no âmbito da vida privada, diversas práticas educativas levam inevitavelmente a atividades de cunho pedagógico na cidade, na família nos pequenos grupos, nas relações de vizinhança, trazendo à tona o ensino informal. Já Brandão (1986) diz que educação é todo conhecimento adquirido com a vivência em sociedade, seja ela qual for. Sendo assim, o ato educacional ocorre no ônibus, em casa, na igreja e na família e todos nós fazemos parte desse processo. Ademais, a educação formalizada não substitui a educação informal, que permeia o tempo todo as relações entre os homens e as mulheres. A educação não é, porém, a simples transmissão da herança de antepassados, mas o processo pelo qual também se torna possível a gestação do novo e a ruptura com o velho.

Manacorda (2006), no seu estudo sobre a história da educação, traz a compreensão de que a escola passa a ser não mais uma instituição específica da educação, mas, sim, uma instituição indispensável e lugar de vida das crianças e adolescentes do novo milênio. Assim, para defender a escola como uma instituição que atenda às necessidades desses sujeitos, para a educação do ser humano omnilateral, há que se realizar esforço coletivo, em que o caminho do futuro seja aquele que o passado nunca soube percorrer.

O que é especificamente pedagógico está na imbricação entre a mensagem e o educando, propiciada pelo agente educador. Como instância mediadora, a ação pedagógica torna possível a relação de reciprocidade entre o indivíduo e a sociedade.

Segundo Ponce (2005), o sistema educacional constituiu-se a partir do momento em que a sociedade se estruturou em classes sociais antagônicas, com o fim da chamada sociedade primitiva. Os interesses e as necessidades da classe social dominante passaram a delimitar o campo da educação na medida em que passou a servir para a dominação social de poucos sobre muitos. O referido autor, ao analisar a gênese da escola, entende que essa instituição surgiu a partir do fato de que as dominações militar e política não surtiam mais os efeitos desejados em uma sociedade, que se tornava cada vez mais complexa e multifacetada. Sendo assim, a necessidade de se construir um aparato de dominação ideológica e intelectual encontrou, na escola e no sistema educacional em geral, seu ponto de apoio (Figura 1).

Figura 1. Educação para todos.
Fonte: Chinnapong/Shutterstock.com.

Com isso, vemos o sistema educacional, como fruto de um processo histórico, configurando-se no bojo das relações sociais e de produção, que dividiram e ainda dividem a sociedade em grupos distintos e, ainda mais, estabelecem uma relação entre classes sociais antagônicas. Durante muito tempo, a educação como instrução formal foi privilégio de poucos que dispunham de tempo e dinheiro para investir. Os séculos anteriores à invenção da imprensa foram marcados pela educação restrita apenas aos mais ricos ou a membros privilegiados de certos grupos sociais, como o clero.

A educação não está à margem da história. Dessa forma, é impossível separar a educação da questão do poder: afinal, a educação não é processo neutro, mas se acha comprometida com a economia e a política de seu tempo.

Conceito de cultura

O conceito de cultura é um dos principais nas ciências humanas, a ponto de a antropologia se constituir como campo do conhecimento em torno desse conceito. Na verdade, os antropólogos, desde o século XIX, procuram definir os limites de sua área por meio da definição de cultura. O resultado é que os conceitos de cultura são múltiplos e, às vezes, contraditórios. O significado mais simples dessa palavra afirma que cultura abrange todas as realizações materiais e os aspectos espirituais de um povo (BOAS, 2010). Ou seja, em outras palavras, cultura é tudo aquilo produzido pela humanidade, seja no plano concreto ou no plano imaterial, desde artefatos e objetos até ideais e crenças. Cultura é todo complexo de conhecimentos e toda habilidade humana empregada socialmente.

Complementando a discussão sobre o conceito feita na antropologia, a linguística traz interessantes contribuições. Um exemplo é o estudioso brasileiro Alfredo Bosi (1996), que, em "Dialética da colonização", define cultura a partir da linguística e da etimologia da palavra: cultura, assim como culto e colonização, viria do verbo latino *colo*, que significa "eu ocupo a terra". Cultura, dessa forma, seria o futuro de tal verbo, significando o que se vai trabalhar, o que se quer cultivar, e não apenas em termos de agricultura, mas também de transmissão de valores e conhecimentos para as próximas gerações (LARAIA, 2001).

Nesse sentido, Bosi (1996) afirma que cultura é o conjunto de práticas, de técnicas, de símbolos e de valores que devem ser transmitidos às novas gerações para garantir a convivência social. Assim sendo, nessa perspectiva, cultura seria aquilo que um povo ensina aos seus descendentes para garantir sua sobrevivência. Tal definição dá à cultura um significado muito próximo do ato de educar.

Em todo universo cultural, há regras que possibilitam aos indivíduos viver em sociedade; nessa perspectiva, cultura envolve todo o cotidiano dos indivíduos. Assim, os seres humanos só vivem em sociedade devido à cultura. Além disso, toda sociedade humana tem cultura. A função da cultura, dessa forma, é, entre outras coisas, permitir a adaptação do indivíduo ao meio social e natural em que vive. E é por meio da herança cultural que os indivíduos podem se comunicar uns com os outros, não apenas por meio da linguagem, mas também por formas de comportamento. Isso significa que as pessoas compreendem quais os sentimentos e as intenções das outras porque conhecem as regras culturais de comportamento em sua sociedade (Figura 2).

Figura 2. Diferenças culturais.
Fonte: Rawpixel.com/Shutterstock.com.

Por exemplo, gestos como rir, falar mal, cumprimentar, assim como os modos de vestir ou comer indicam, para outras pessoas do grupo, tanto a posição social de um indivíduo quanto seus sentimentos, mas apenas porque quem interpreta seus gestos e sua fala tem os mesmos códigos culturais. É por isso que, ao nos depararmos com uma pessoa de cultura diferente da nossa, podem acontecer confusões e mal-entendidos, como um cumprimento ser considerado rude ou uma roupa ser considerada imprópria. O desentendimento provém do choque cultural, do contato entre duas culturas distintas. Isso pode acontecer entre indivíduos ou entre sociedades inteiras, nesse caso, provocando transformações em ambas as sociedades.

A relação entre educação e cultura

Analisar a educação como espaço sociocultural significa compreendê-la na ótica da cultura, sob um olhar detalhado, que leva em conta o dinamismo do fazer cotidiano, levado e feito por homens e mulheres, trabalhadores e trabalhadoras, negros e brancos, adultos e adolescentes, enfim, alunos e professores, que desse espaço são sujeitos, sociais e históricos. Falar da escola como espaço sociocultural implica, assim, desvelar o papel dos sujeitos na trama social que a constitui enquanto instituição.

A discussão das relações entre escola e cultura é inerente a todo processo educativo. Não há educação que não esteja envolvida na cultura da humanidade e, particularmente, no momento histórico em que se situa. Não se pode conceber uma experiência pedagógica "desculturizada", em que a referência cultural não esteja presente. As relações entre escola e cultura não podem ser concebidas como entre dois polos independentes, mas, sim, como universos entrelaçados, como uma teia criada no cotidiano e com fios e nós profundamente articulados (MOREIRA; CANDAU, 2003).

A interculturalidade orienta processos que têm por base o reconhecimento do direito à diferença e a luta contra todas as formas de discriminação e desigualdade social. Tenta promover relações dialógicas e igualitárias entre pessoas e grupos que pertencem a universos culturais diferentes, trabalhando os conflitos inerentes a essa realidade. Não ignora as relações de poder presentes nas relações sociais e interpessoais. Reconhece e assume os conflitos, procurando as estratégias mais adequadas para enfrentá-los (CANDAU, 2002).

A partir da perspectiva da associação entre escola e cultura, vemos suas relações intimamente ligadas ao universo educacional. Cabe questionar por que, hoje, essa constatação parece se revestir de novidade, sendo mesmo vista por vários autores como especialmente desafiadora para as práticas educativas.

A educação, sendo mais que a transmissora da cultura, da "verdadeira cultura", passa a ser concebida como um espaço de cruzamento, conflitos e diálogo entre diferentes culturas. Pérez Gómez (1998) propõe que entendamos, hoje, a escola como um espaço de "cruzamento de culturas" (Figura 3).

Figura 3. Cruzamento de culturas.
Fonte: Rawpixel.com/Shutterstock.com.

Tal perspectiva exige que desenvolvamos um novo olhar, uma nova postura, e que sejamos capazes de identificar as diferentes culturas que se entrelaçam no universo escolar, bem como de reinventar a escola, reconhecendo o que a especifica, identifica e distingue de outros espaços de socialização: a "mediação reflexiva" que realiza sobre as interações e o impacto que as diferentes culturas exercem continuamente em seu universo e seus atores. Conforme Pérez Gómez (1998), a vida escolar traz um intercâmbio cultural. Os alunos aprendem na sua vida escolar, pois há cruzamento de culturas que se produz na escola entre as propostas da cultura crítica, que se situa nas disciplinas científicas, artística e filosófica; as determinações da cultura acadêmica, que se refletem no currículo; as influências da cultura social, constituídas pelos valores hegemônicos do cenário social; as pressões cotidianas da cultura institucional, presentes em papéis, normas, rotinas e ritos próprios da escola como instituição social específica; e as características da cultura experiencial, adquirida por cada aluno por meio da experiência dos intercâmbios espontâneos com seu entorno.

Nesse sentido, a cultura se moderniza e se traduz em linguagens reatualizadas que são comuns aos diversos sujeitos alunos. Além disso, a escola aparece como um espaço privilegiado de práticas coletivas, sociabilidades, representações, símbolos e rituais que os jovens buscam para demarcar uma identidade (Figura 4).

Figura 4. Práticas coletivas na escola.
Fonte: solarseven/Shutterstock.com.

Saiba mais

Os jesuítas criaram as primeiras escolas quando aqui chegaram em 1549, com o objetivo de formar sacerdotes e catequizar o índio, dedicando-se também à educação da elite nacional. A Companhia de Jesus foi uma instituição criada essencialmente para fortalecer e defender a Igreja. A companhia demorou 59 anos para formular o seu plano de atuação – o *Ratio Studiorum* –, finalizado em 1599, que é totalmente influenciado pela cultura europeia e considerado um perfeito instrumento de controle. Ou seja, privilegiavam uma cultura intelectual idealizada em nome da Igreja, em detrimento das culturas dos povos originários.

Link

Educação e cultura andam juntas? Acesse o link e descubra.

https://goo.gl/zYm24W

Exemplo

O Chánzú – que literalmente significa "pés atados" – foi um costume seguido por mulheres chinesas durante mais de 1.000 anos. A prática consistia em enfaixar os pés para evitar que eles crescessem e, assim, pudessem caber em sapatinhos de pouco mais de 7,5 cm. E para conseguir o resultado esperado, as chinesas eram obrigadas a começar a prender os pés bem cedo, normalmente quando ainda tinham entre quatro e seis anos de idade. O procedimento envolvia deixar os pés de molho em água quente e, depois de algumas horas, bandagens umedecidas – que encolhiam depois de secas – eram atadas firmemente para segurar os dedos. Estes eram dobrados em direção à sola e, durante o processo, os ossos dos arcos dos pés eram fraturados. O ritual era repetido a cada dois dias e, basicamente, se resumia em ir quebrando os ossos conforme os pés iam crescendo.

Exercícios

1. Educação é a criação do conhecimento como processo social resultante da ação-reflexão humana para a transformação da realidade. Escolha a alternativa a seguir que complementa esse conceito.
    a) A educação se dá na busca contínua da transformação da realidade por meio da ação-reflexão humana, da criação do conhecimento e da transformação-reinvenção da realidade constante da busca.
    b) A educação atinge três setores importantes da vida humana: o político, o moral e o religioso.
    c) A educação é o processo constante de criação do conhecimento e de busca da transformação-reinvenção da realidade.
    d) A educação é realizada pela ação-reflexão humana, mas não é um processo político.
    e) A educação é também um processo de conhecimento que se destaca pelo caráter político, que vê na educação uma formação, principalmente, das elites.

2. Alfredo Bosi (1996), em *Dialética da colonização*, define cultura a partir da linguística e da etimologia da palavra: cultura, assim como culto e colonização, viria do verbo latino *colo*, que significa *eu ocupo a terra*. Tal definição dá à cultura um significado muito próximo do ato de educar. Marque a alternativa que comunga com o estudo de Bosi (1996).
    a) Tudo aquilo que um grupo político ensina aos descendentes dele para garantir a sobrevivência.
    b) O estudo das invenções e das realizações humanas, da infância até a juventude.
    c) Conjunto de práticas, técnicas, símbolos e valores que devem ser transmitidos às novas gerações para garantir a convivência social.
    d) Produção artística voltada à música e à pintura. Assim, pode-se falar de cultura erudita.
    e) Processo que tem uma estrutura própria, permanecendo estanque, mas com ideias dinâmicas.

3. O que caracteriza a cultura?
    a) A cultura não é simbólica, pois as culturas não têm símbolos que são compreendidos de modo semelhante por todas as pessoas que as integram.
    b) A cultura está presente em alguns aspectos da vida humana.
    c) A cultura é aprendida, porque existe graças a um processo de transmissão de geração em geração.
    d) A cultura não é adaptável, porque o homem modifica a natureza, de modo a satisfazer as suas necessidades.
    e) A cultura é individual, porque não é propriedade de um indivíduo, mas, sim, de todas as pessoas de uma sociedade.

4. A escola é uma instituição cultural. Escolha a alternativa

que explica essa afirmação.
a) Assim, se pode conceber uma experiência pedagógica "desculturizada", em que a referência cultural esteja presente.
b) Então, não podem ser concebidas como entre dois polos independentes, mas, sim, como universos entrelaçados, como uma teia realizada no cotidiano e com fios e nós profundamente articulados.
c) É mais que a transmissora da cultura, da "verdadeira cultura", passa a ser concebida não como um espaço de cruzamento, de diferentes culturas, mas espaço de aprendizagem.
d) A escola especifica, identifica e distingue de outros espaços de socialização: a "mediação objetiva".
e) A escola funciona como um depósito de valores e conhecimentos e um espaço onde se partilha problemas.

5. Educação e cultura caminham juntas. Escolha a alternativa que justifica essa afirmação.
a) Ambas procuram incorporar os pressupostos curriculares cooperativos, para que, assim, o ambiente escolar possa se transformar em um ambiente favorável aos alunos.
b) A cultura faz parte do viés global do indivíduo. Esses indivíduos são criadores e propagadores da cultura, mas não se manifestam no interior das escolas.
c) A cultura e a educação, juntas, tornam-se elementos socializadores, porém, não são capazes de modificar a forma de pensar dos educandos e dos educadores.
d) Ambas permitem que cada indivíduo que frequenta o ambiente escolar se sinta ouvinte do processo educacional.
e) Ambas estão inseridas em grupos sociais que não devem ser ignorados pelos educadores, mas esquecidos pela escola, sendo valorizados por meio de discussões, para que as culturas tradicionais possam ser conhecidas e reconhecidas.

Referências

BOAS, F. *A mente do ser humano primitivo*. Petrópolis: Vozes, 2010.

BOSI, A. *Dialética da colonização*. São Paulo: Companhia das Letras, 1996.

BRANDÃO, C. R. *O que é educação*. São Paulo: Brasiliense, 1986.

CANDAU, V. M. (Org.). *Sociedade, educação e cultura(s)*: questões e propostas. Rio de Janeiro: Vozes, 2002.

GIMENO SACRISTÁN, J. G. *A educação obrigatória:* seu sentido educativo e social. Porto Alegre: Artmed, 2001.

LARAIA, R. de B. *Cultura*: um conceito antropológico. 14. ed. Rio de Janeiro: Jorge Zahar, 2001.

LIBÂNEO, J. C. *Pedagogia e pedagogos para quê?* São Paulo: Cortez, 2002.

MANACORDA, M. A. *História da educação*: da antiguidade aos nossos dias. 12. ed. São Paulo: Cortez, 2006.

MOREIRA, A. F. B.; CANDAU, V. M. *Educação escolar e cultura(s):* construindo caminhos. *Revista Brasileira de Educação*, Rio de Janeiro, n. 23, p. 156-168, maio/jun./jul./ago. 2003. Disponível em: <http://www.scielo.br/pdf/rbedu/n23/n23a11.pdf>. Acesso em: 10 jan. 2018.

PÉREZ GÓMEZ, A. I. As funções sociais da escola: da reprodução à reconstrução crítica do conhecimento e da experiência. In: GIMENO SACRISTÁN, J.; PÉREZ GÓMEZ, A. I. *Compreender e transformar o ensino*. 4. ed. Porto Alegre: Artmed, 1998.

PONCE, A. *Educação e luta de classes*. 21. ed. São Paulo: Cortez, 2005.

ROMANELLI, R. C. O vocabulário indo-europeu e o seu desenvolvimento semântico. *Kriterion*, Belo Horizonte, 1960.

SAVIANI, D. *Pedagogia histórico crítica*: primeiras aproximações. 2. ed. São Paulo: Cortez, 1991.

Leituras recomendadas

DAYRELL, J. T. *A escola como espaço sócio-cultural*. [S.l.: s.n.], 1996. Disponível em: <https://ensinosociologia.milharal.org/files/2010/09/Dayrell-1996-Escola-espa%C3%A7o--socio-cultural.pdf>. Acesso em: 10 jan. 2018.

MOREIRA, M. A. *Aprendizagem significativa subversiva*. In: ENCONTRO INTERNACIONAL SOBRE APRENDIZAGEM SIGNIFICATIVA, 3., 2000, Peniche. *Anais...* Peniche: Universidade de Alberta, 2000. p. 33-45.

WAGNER, R. *A invenção da cultura*. São Paulo: Cosac Naify, 2010.

Cultura: aspectos conceituais

Objetivos de aprendizagem

Ao final deste texto, você deve apresentar os seguintes aprendizados:

- Descrever a invenção da cultura.
- Identificar o que é cultura.
- Analisar manifestações culturais.

Introdução

Desde a antiguidade, tem-se tentado explicar as diferenças de comportamento entre os homens, a partir das diversidades genéticas ou geográficas. A antropologia moderna tem como uma de suas tarefas a reconstrução do conceito de cultura.

Podemos dizer, então, que o estudo da cultura consiste em decodificar os códigos de símbolos partilhados pelos membros desse grupo cultural.

Sendo assim, não existe cultura superior ou inferior, melhor ou pior, mas, sim, culturas diferentes. Aos olhos da sociologia, cultura é tudo aquilo que resulta da criação humana.

A invenção da cultura

Umas das grandes questões antropológicas é como surgiu a cultura. Uma das respostas a essa pergunta seria que a cultura surgiu a partir do momento em que o ser humano evoluiu dos primatas, uma resposta insatisfatória, pois leva a outra pergunta: porque o cérebro do primata evoluiu a ponto de permitir o aparecimento do ser humano?

Segundo Leackey e Lewin (1982), esse fato ocorreu por causa da vida arborícola que os primatas viviam, que, em conjunto com a visão estereoscópica e a utilização das mãos, possibilitava a esses primatas relacionarem cores, formas, pesos e cheiros. Já Lévi-Strauss (1945) considera que a cultura surgiu quando o ser humano se deparou com a primeira regra, a proibição do incesto, norma presente em todas as sociedades. Os católicos dizem que o sujeito adquiriu cultura no momento em que recebeu do Criador uma alma imortal.

Segundos os conhecimentos científicos atuais, a cultura provém de muito antes dos conceitos religiosos como a concepção da alma. O antropólogo norte-americano Clifford Geertz (1966) mostrou, em seu artigo *A transição para a humanidade*, que o australopiteco é uma espécie de ser humano que já trazia aspectos culturais, uma vez que ele era capaz de caçar e confeccionar objetos com esse fim, mesmo com um cérebro 1/3 menor da nossa atual capacidade e com cerca de 1,20 m de altura, o que provavelmente elimina a possibilidade de ter uma linguagem (Figura 1).

Figura 1. Evolução humana.
Fonte: mmatee/Shutterstock.com.

Em razão de o animal ser incapaz de adquirir outros aspectos de cultura, há uma dúvida sobre a teoria do citado "ponto crítico", expressão utilizada por Alfred Kroeber (1993) ao conceber a eclosão da cultura com acontecimento súbito. Geertz (1966) afirma que Kroeber está errado, por acreditar que o desenvolvimento cultural já se vinha processando bem antes de cessar o desenvolvimento orgânico, fato que torna o sujeito não apenas o produtor da cultura, mas também, num sentido biológico, o produto da cultura.

A cultura, então, se desenvolveu juntamente com o equipamento biológico e é, portanto, compreendida como parte das características da espécie, assim como o bipedismo e de um adequado volume cerebral.

O homem e a mulher são seres predominantemente culturais. Graças à cultura, eles superaram suas limitações orgânicas. Conseguiram sobreviver pelos tempos com um equipamento biológico relativamente simples. Pode-se considerar cultura como ato, efeito, ou modo de cultivar, complexo dos padrões de comportamento, das crenças, das instituições e outros valores espirituais e materiais transmitidos coletivamente e característicos de uma sociedade, de uma civilização (DAMATTA, 1997).

O desenvolvimento de grupos sociais, uma nação, é fruto do esforço coletivo pelo aprimoramento de valores, civilização e progresso. Nesse sentido, a palavra *cultura* percorreu um longo caminho até adquirir um sentido sistemático de uma diversidade de maneiras de viver.

Cultura é palavra de origem latina e em seu significado original está ligada às atividades agrícolas. Vem do verbo latino *colere*, que quer dizer cultivar. Pensadores romanos antigos ampliaram esse significado e a usaram para se referir ao refinamento pessoal, e isso está presente na expressão *cultura da alma*. Como sinônimo de refinamento, sofisticação pessoal, educação elaborada de uma pessoa, cultura foi usada constantemente desde então e o é até hoje.

A cultura é a esfera geral do conhecimento e das representações do vivido na sociedade histórica. A cultura envolve todo o acervo de valores e hábitos que marcam a condição humana. Um conjunto de atributos que se projeta para diferentes variáveis comportamentais. Existem valores, hábitos, objetos e comportamentos genéricos que dão certo "ar de família" cultural a uma sociedade, grupo humano, região ou comunidade.

Desde a antiguidade, tem se tentado explicar as diferenças de comportamento entre os homens, a partir das diversidades genéticas ou geográficas. A antropologia moderna tem como uma de suas tarefas a reconstrução do conceito de cultura.

Podemos dizer, então, que o estudo da cultura consiste em decodificar os códigos de símbolos partilhados pelos membros desse grupo cultural. Geertz (1966) confirma que a antropologia procura entender e interpretar vários significados. Portanto, a interpretação de um texto cultural sempre será uma tarefa difícil e rigorosa.

Concluímos que o debate não acaba por aí e provavelmente não terminará, pois o conceito de cultura compreende uma linha infinita de reflexão sobre a natureza humana e aquilo que nos rodeia.

O que é cultura?

A cultura, aos poucos, acabou adquirindo também o sentido de cultivo de conhecimentos. A noção moderna de cultura foi sintetizada pela primeira vez pelo inglês Edward Tylor (1911), conceituando-a como um complexo que inclui conhecimentos, crenças, arte, moral, leis, costumes ou qualquer outra capacidade ou hábitos adquiridos por uma pessoa como membro de uma sociedade.

Tylor definiu cultura como a expressão da totalidade da vida social do sujeito, caracterizada pela sua dimensão coletiva, adquirida em grande parte inconscientemente e independente da hereditariedade biológica. Privilegiou a palavra *cultura* por entender que *civilização* remete à constituição de realizações materiais dos homens, perdendo o sentido quando se trata de sociedades primitivas. Para Tylor, a sua nova definição de cultura, que era descritiva e não normativa (sem conceitos predeterminados), tinha a vantagem de ser uma palavra "neutra", capaz de pensar em toda a humanidade. Acreditava na ideia de progresso, nos postulados evolucionistas, na unidade psíquica da humanidade (todos temos a mesma capacidade mental) e na concepção universalista da cultura (a cultura como algo de toda a humanidade). A grande contribuição de Tylor foi sua tentativa de conciliar a evolução da cultura e sua universalidade. Foi o primeiro a abordar os fatos culturais sob um prisma sistemático e geral.

Sendo assim, não existe cultura superior ou inferior, melhor ou pior, mas, sim, culturas diferentes. Aos olhos da sociologia, cultura é tudo aquilo que resulta da criação humana (CAMARGO, 2018). São ideias, artefatos, costumes, leis, crenças morais e conhecimento, adquiridos a partir do convívio social. Seja a sociedade simples ou complexa, todas têm sua forma de expressar, pensar, agir e sentir, portanto, todas têm sua própria cultura, o seu modo de vida.

Ao tratar do conceito de cultura, a sociologia se ocupa em entender os aspectos aprendidos que o ser humano, em contato social, adquire ao longo de sua convivência.

Esses aspectos, compartilhados entre os indivíduos que fazem parte desse grupo de convívio específico, refletem especificamente a realidade social desses sujeitos. Características como a linguagem e o modo de se vestir em ocasiões específicas são algumas características que podem ser determinadas por uma cultura que acaba por ter como função possibilitar a cooperação e a comunicação entre aqueles que dela fazem parte.

A cultura apresenta aspectos tangíveis – objetos ou símbolos que fazem parte do seu contexto – e outros intangíveis – ideias e normas que regulam o comportamento, bem como formas de religiosidade. Esses aspectos constroem a realidade social dividida por aqueles que a integram, dando forma a relações e estabelecendo valores e normas.

Esses valores são características que são consideradas desejáveis ou indesejáveis no comportamento dos indivíduos que fazem parte de uma cultura, como o princípio da honestidade, que é visto como característica extremamente desejável em nossa sociedade.

As normas são um conjunto de regras formadas a partir dos valores de uma cultura, que servem para regular o comportamento daqueles que dela fazem parte. O valor do princípio da honestidade faz com que a desonestidade seja condenada dentro dos limites convencionados pelos integrantes dessa cultura, compelindo os demais integrantes a agir dentro do que é estipulado como "honesto".

As normas e os valores têm grandes variações nas diferentes culturas que observamos. Em algumas culturas, como no Japão, o **valor da educação** é tão forte que falhar em exames escolares é visto como uma vergonha tremenda para a família do estudante. Existe, então, a norma de que estudar e ter bom desempenho acadêmico é uma das mais importantes tarefas de um jovem japonês e a pressão social que esse valor exerce sobre ele é tão forte que há um grande número de suicídios relacionados a falhas escolares.

Mesmo dentro de uma mesma sociedade podem existir **divergências culturais**. Alguns grupos, ou pessoas, podem ter fortes valores baseados em crenças religiosas, enquanto outros preferem a lógica do progresso científico para compreender o mundo. A diversidade cultural é um fato em nossa realidade globalizada, em que o contato entre o que consideramos familiar e o que consideramos estranho é comum. Ideias diferentes, comportamento, contato com línguas estrangeiras ou com a culinária de outras culturas tornou-se tão corriqueiro em nosso dia a dia que quase não se reflete no impacto que sofremos diariamente, seja na adoção de expressões de línguas estrangeiras ou na incorporação de alimentos exóticos em nossa rotina alimentar.

Uma cultura não é estática, ela está em constante mudança, de acordo com os acontecimentos vividos por seus integrantes. Valores que tinham força no passado se enfraquecem no novo contexto vivido pelas novas gerações, a depender das novas necessidades que surgem, já que o mundo social também não é estático. Movimentos contraculturais, como o *punk* ou o *rock*, são exemplos claros do processo de mudança de valores culturais que algumas sociedades viveram de forma generalizada.

O contato com culturas diferentes também modifica alguns aspectos de nossa cultura. O processo de **aculturação**, em que uma cultura absorve ou adota certos aspectos de outra a partir do seu convívio, é comum em nossa realidade globalizada, na qual temos contato quase perpétuo com culturas de todas as formas e lugares possíveis.

 **Saiba mais**

Boas, entre 1883 e 1884, participou de uma expedição a Baffin como geógrafo. Lá realizou estudos sobre os esquimós e percebeu que a organização social era determinada mais pela cultura do que pelo meio ambiente.
Boas tomou como objeto de estudo a particularidade de cada cultura. Apresentava-se como a contraposição ao evolucionismo do século XIX e foi o precursor da antropologia cultural norte-americana. Foi também o fundador do método monográfico em antropologia.

Manifestações culturais

Em sociologia, diversidade cultural diz respeito à existência de uma grande variedade de culturas antrópicas. Há vários tipos de manifestações culturais que nos revelam essa variedade, tais como linguagem, danças, vestuário, religião e outras tradições, como a organização da sociedade.

A diversidade cultural está associada a dinâmica do processo de aceitação da sociedade. Pessoas que por algumas razões decidem pautar suas vidas por normas preestabelecidas tendem a esquecer de suas próprias idiossincrasias (mistura de culturas). Em outras palavras, o todo vigente se impõe às necessidades individuais. O denominado *status quo* deflagra natural e espontaneamente, e como diria Hegel (1995), em um processo dialético, a adequação significativa do ser ao meio. A cultura insere o indivíduo num meio social.

A palavra *"diversidade"* diz respeito à variedade e à convivência de ideias, características ou elementos diferentes entre si, em determinado assunto, situação ou ambiente. As principais manifestações culturais brasileiras foram adquiridas e influenciadas com a mistura de muitos países e, com tanta informação de cultura e mistura de raças, se tornam singulares e diferenciadas dos demais povos de outros países.

Descoberto por colonizadores portugueses, o Brasil tem grande influência e raízes lusitanas, porém, com a chegada de povos africanos, alemães, italianos e indígenas, que já faziam parte desde o início do povo brasileiro, o Brasil se tornou rico em cultura e suas manifestações são cada vez mais prestigiadas dentro e fora do país. As principais manifestações brasileiras podem ser encontradas em várias regiões do país e cada uma delas tem características e influências diferenciadas.

O carnaval, por exemplo, grande manifestação cultural no Brasil, começa no período colonial. Uma das primeiras manifestações carnavalescas foi o entrudo, uma festa de origem portuguesa que, na colônia, era praticada pelos escravos. Estes saíam pelas ruas com seus rostos pintados, jogando farinha e bolinhas de água de cheiro nas pessoas. Tais bolinhas nem sempre eram cheirosas.

A elite do Rio de Janeiro criaria, ainda, as sociedades carnavalescas. A primeira foi o Congresso das Sumidades Carnavalescas, que passou a desfilar nas ruas da cidade. Enquanto o entrudo era reprimido, a alta sociedade imperial tentava tomar as ruas. Mas com toda essa repressão, as camadas populares não desistiram de suas práticas carnavalescas. No final do século XIX, buscando adaptação às tentativas de disciplinamento policial, foram criados os cordões e ranchos. Os cordões incluíam a utilização da estética das procissões religiosas com manifestações populares, como a capoeira e os zé-pereiras, tocadores de grandes bumbos. Os ranchos eram cortejos praticados, principalmente, pelas pessoas de origem rural.

Ao longo do século XX, o carnaval se popularizou ainda mais no Brasil e conheceu uma diversidade de formas de realização, tanto entre a classe dominante como entre as classes populares. Entre as classes populares, surgiram as escolas de samba, na década de 1920. A primeira disputa entre escolas de samba ocorreu em 1929.

Se na vida cotidiana nossas ações sociais são marcadas pela passagem da casa para a rua e seguimos regras e hierarquizações pertinentes a cada domínio, no carnaval, essas regras são suspensas e o que se pode observar é a inversão.

De fato, o período carnavalesco é o momento em que se deixa de viver a dura realidade da vida para se gozar de momentos de profunda liberdade, "[...] é que nele celebramos essas coisas difusas e abrangentes, essas coisas abstratas e inclusivas como o sexo, o prazer, a alegria, o luxo, o canto, a dança, a brincadeira [...]" (DAMATTA, 1997, p. 121). Na ritualização do carnaval, os elementos se deslocam. As ruas, antes locais que direcionavam para a pesada rotina do trabalho e das disputas sociais, se abrem em um espaço receptivo para os que agora se deslocam num movimento consciente de busca do divertimento. Consoante Damatta (1997), o carnaval é um momento de permissividade.

Por meio do carnaval, o povo brasileiro se expressa. A partir desse rito, inverso da realidade cotidiana, no qual a aparente liberdade permite que os desejos reprimidos pela dura vida sejam revelados, podemos observar diversos aspectos sociais e culturais que são representativos da identidade nacional. No carnaval, deixamos de lado nossa sociedade hierarquizada e repressiva e ensaiamos viver com mais liberdade e individualidade (DA-MATTA, 1997). Temos, então, que no carnaval a rua é penetrada pelo "povo", ficando virtualmente ocupada por ele em todos os níveis, para o desfile, para o passeio e para todas as outras ações sociais.

O *hip-hop* se apresenta como outra manifestação cultural muito presente, por abranger música, arte e dança. A interpretação consagrada da etimologia da palavra *rap* é que seja uma sigla para *rhythm and poetry* (do inglês, ritmo e poesia). O mito de origem mais frequente sobre o gênero é que teria surgido no Bronx, bairro pobre de Nova York, no início dos anos 1970. Alguns preferem dizer que o *rap* nasceu das savanas africanas, nas narrativas dos griôs – poetas e cantadores tidos como sábios. Ou, ainda, sugerem alguns *rappers* e críticos brasileiros que é uma variante do repente e da embolada nordestina. Outros MCs brasileiros defendem a ideia de que *rap* é a sigla para *revolução através das palavras*. Já foi afirmado também que as três letras poderiam corresponder a *ritmo, amor e poesia* (TEPERMAN, 2015). Mais do que explicações, essas são interpretações. Defender uma delas é uma espécie de alinhamento ideológico, que terá impacto no modo como essa música se situará no mundo social. Assim, a própria definição da palavra *rap* defende uma ideia: de que as letras de *rap* são poesia, em oposição a críticos conservadores, que fazem questão de reservar o privilégio da denominação poeta para autores que se filiem às tradições literárias canônicas.

Sendo assim, o autor define o *rap* como cultura de rua. Sendo assim, nada mais eloquente do que a imagem de jovens carregando aparelhos de som nos ombros, tocando *rap*, enquanto dançarinos de *break* se exercitam na calçada (TEPERMAN, 2015). É importante salientar que o *rap* foi gestado nas festas de rua de bairros pobres e predominantemente negros. É uma música que nasce marcada social e racialmente e que faz dessas marcas sua bandeira. Atualmente, é interesse no mundo todo. É ouvido e produzido nos quatro hemisférios. Destaca-se como aquele que mais questiona seu lugar social. Por um lado, briga por espaço no mercado fonográfico. Por outro, é uma música que quer ser mais do que apenas isso: é um movimento, um estilo de vida, que quer mudar o mundo. Tem a particularidade de ser um dos principais a discutir, por meio das letras e também pelo discurso dos artistas, temas como preconceito, violência e segregação racial e seus efeitos devastadores na sociedade, como a violência urbana.

Portanto, não podemos pensar no *rap* apenas como um gênero musical, pois seria como reduzi-lo a apenas uma de suas dimensões. Certamente, não é o único estilo a atuar para além da música. A música nunca é apenas música (TEPERMAN, 2015). Talvez a particularidade do *rap* seja reivindicar de modo explícito o fato de que está no mundo.

O *hip-hop*, se tratando do elemento dança, é um desses rituais que se expressa por meio de gestos e que o corpo reproduz o sentimento da letra e a entonação. É uma atividade bastante realizada dentro do espaço do Centro Trindade, pois se identifica com os jovens, pela letra impositiva e que busca falar ao mundo das injustiças e dos desamores (Figura 2). Esse gênero musical é um forte estruturador de movimentos pela valorização da identidade negra: a música, a dança e o estilo de vestir são por si sós produtores de significado.

Figura 2. Dança de *hip-hop*.
Fonte: Acervo do Centro de Educação Trindade (2005) com base na publicação de Escosteguy (2016).

Outro ponto a ressaltar nesse gênero musical é a ausência de refrão, porque, ao evitá-lo, o *rap* se mantém constantemente em tensão e essa é a maior marca do *hip-hop* (TEPERMAN, 2015).

O grafite também é uma das manifestações do *hip-hop* e, juntamente com a música e a dança, compõe o cenário de manifestações culturais mais aceitas e estudadas entre crianças e adolescentes (Figura 3).

Figura 3. Grafite.
Fonte: Acervo do Projeto Construindo um Novo Caminho.

Fique atento

Nosso país, de tamanho continental e nascido de sadia mestiçagem de várias culturas europeias, africanas e indígenas, tem maravilhoso patrimônio secular em pedras e letras, em gestos e falas, em costumes e ritos. Existe um Ministério da Cultura e cabe a ele e aos órgãos da sociedade civil inventariarem, nos diferentes campos, as manifestações culturais que merecem ser conservadas.

É a partir das manifestações culturais, por meio da música, do carnaval, da arte e da dança, que o indivíduo conta as suas vivências, traz à tona a sua realidade de vida. Experimentam suas situações e relações produtivas como necessidades, interesses e antagonismos e elaboram essa experiência em sua consciência e cultura, agindo conforme a situação determinada. Assim, o cotidiano se torna espaço e tempo significativos, porque expressa sentimentos, frustrações e sonhos em todas as ações culturais.

Se a cultura é a expressão da totalidade da vida social do homem e da mulher, caracterizada pela sua dimensão coletiva, a dança oportuniza a expressão livre, na sua totalidade de movimentos. É preciso um novo olhar curricular, pedagógico e prático da ação docente e de todos os agentes envolvidos no processo educativo, para que a escola não seja vista como uma instituição monocultural, mas, sim, como um espaço aberto ao multiculturalismo.

Link

Saiba mais sobre manifestações culturais brasileiras acessando o link a seguir.

https://goo.gl/rzs9i4

Exercícios

1. A cultura é um processo acumulativo, resultante de toda a experiência histórica das gerações anteriores. Esse processo limita ou estimula a ação criativa do indivíduo. Sendo assim, escolha a alternativa que vem ao encontro dessa afirmação.
   a) A cultura não se relaciona com a herança, mas também não determina o comportamento do homem, nem justifica as suas decisões.
   b) O homem age de acordo com seus padrões culturais. Os seus instintos foram anulados pelo longo processo evolutivo pelo qual passou.
   c) Adquirindo cultura, o homem passou a negar muito o seu aprendizado e a agir por meio de atitudes geneticamente determinadas.
   d) A cultura representa a identidade de um povo. Todas as sociedades têm uma cultura que retrata seu modo de viver e, desta forma, suas especificidades são características marcantes que revelam seus traços do mais simples ao mais complexo.
   e) Cultura é o complexo no qual se incluem apenas os conhecimentos relacionados com as crenças de cada povo.

2. Refletir sobre cultura é trazer à tona as diversidades culturais. Marque a alternativa que explica o conceito de "diversidades culturais".
   a) A diversidade cultural engloba o conjunto de culturas que existem. Esses fatores de identidade distinguem o conjunto dos elementos simbólicos presentes nas culturas e são eles que reforçam as diferenças culturais que existem entre os seres humanos.
   b) A diversidade cultural representa o conjunto das distintas culturas que existem especificamente na cidade.
   c) A diversidade cultural é representada por meio de um item: a língua.
   d) A diversidade cultural se refere a traços comuns, divergência e abundância de coisas distintas.
   e) A diversidade cultural promove a cultura dos direitos religiosos, mediante o exercício de práticas de promoção e fortalecimento dos direitos do ensino religioso, no espaço escolar.

3. O que diferencia uma cultura das outras?
   a) Quando se trata de diferenças culturais, deve ser observado apenas o modo como os indivíduos se vestem. É por meio das vestimentas que a cultura se mostra.
   b) O que diferencia uma cultura das outras são os elementos constitutivos, que, consequentemente, compõem o conceito de identidade cultural.
   c) Por causa das diferenças culturais, nas relações entre pessoas, é de extrema importância deletar seus

costumes e crenças e ressaltar apenas a cultura do outro.
d) A globalização é o que traz as diferenças culturais e o que diferencia cada povo.
e) O que marca as diferenças culturais é a perda de costumes tradicionais e típicos de cada sociedade.

4. A presença da cultura hip-hop no Brasil caracteriza-se como uma expressão cultural. Teperman (2015) define o rap como cultura de rua. Então, a presença da cultura hip-hop é:
a) lazer gerado pela diversidade de práticas artísticas nas periferias urbanas.
b) entretenimento inventado pela indústria fonográfica nacional.
c) subversão de sua proposta original já nos primeiros bailes.
d) afirmação de identidade dos jovens que a praticam.
e) reprodução da cultura musical norte-americana.

5. O carnaval no mundo todo tem diferentes características. No contexto brasileiro, segundo DaMatta, é quase que um espaço especial democrático. Como podemos utilizar essa manifestação cultural para o ensino em aula?
a) Ressaltando a colonização europeia e sua contribuição para o carnaval brasileiro.
b) Trazendo para a sala de aula somente as contribuições dos negros, pois foram eles que deram origem a essa manifestação cultural.
c) Refletindo sobre o povo italiano, que trouxe a cultura para o Brasil, com pesquisas, debates e leituras.
d) Lendo textos para que se sintam apropriados sobre a prática do carnaval.
e) Proporcionando um estudo sobre essa manifestação fundamental na identidade cultural brasileira. Por isso, vários de seus elementos podem ser levados da sala da aula de música até a de língua portuguesa. O ritmo pode ser uma ótima porta de entrada para conhecer instrumentos musicais muito presentes na cultura brasileira.

Referências

CAMARGO, O. Cultura. *Brasil Escola*, 2018. Disponível em: <http://brasilescola.uol.com.br/sociologia/cultura-1.htm>. Acesso em: 18 dez. 2017.

DAMATTA, R. *Carnavais, malandros e heróis*: para uma sociologia do dilema brasileiro. Rio de Janeiro: Rocco, 1997.

ESCOSTEGUY, C. C.; CONTE, D.; MAGALHÃES, M. A Vila Pedreira e o Centro de Educação Trindade: espaços de elaboração Cultural. In: SEMINÁRIO ISTERNACIONAL DE EDUCAÇÃO, 15., 2016, Novo Hamburgo. *Anais...* Novo Hamburgo: FEEVALE, 2016. v. 4.

GEERTZ, C. (1966) A transição para a humanidade. In: TAX, Sol (org.). *Panorama da Antropologia*. Rio de Janeiro, Fundo de Cultura, p. 31-43.

HEGEL, G. W. F. *Enciclopédia das ciências filosóficas em compêndio (1830)*. São Paulo: Edições Loyola, 1995. (A Ciência Lógica, v. 1).

KROEBER, A. L. 1993 [1917]. O superorgânico. *A Natureza da Cultura*. Lisboa: Edições 70. pp. 39-79.

LEACKEY, R. E.; LEWIN, R. *O povo do lago e suas origens*. Brasília: UnB, 1982.

LÉVI-STRAUSS, C. L'analyse structurale en linguistique et en anthropologie. *Word*, New-York, v. 1, n. 1, p. 33-53, 1945.

TEPERMAN, R. *Se liga no som*: as transformações do rap no Brasil. Rio de Janeiro: Claro Enigma, 2015. (Coleção Agenda Brasileira).

TYLOR, E. B. (1832). In: *ENCYCLOPÆDIA Britannica*. 11. ed. New York: Encyclopædia Britannica, 1911. v. 27, p. 498.

Cultura e educação: relações de diálogo

Objetivos de aprendizagem

Ao final deste texto, você deve apresentar os seguintes aprendizados:

- Analisar a relação entre educação e cultura.
- Reconhecer as manifestações culturais na escola.
- Identificar o valor da escola nas manifestações culturais.

Introdução

A aquisição e a perpetuação da cultura são um processo social, não biológico, resultante da aprendizagem. Cada sociedade transmite às novas gerações o patrimônio cultural que recebeu de seus antepassados. Por isso, a cultura é também chamada de herança social.

Neste capítulo, você analisará a relação entre os conceitos de educação e cultura, identificando casos de manifestações culturais no ambiente escolar e o valor do mesmo para essas manifestações.

A relação entre educação e cultura

Os termos educação e cultura oscilam, no entendimento geral, entre a identificação e a radical diferenciação. Diversas vezes, a educação é identificada com a escola ou a escolaridade, e a cultura com a erudição ou o volume de informação.

A sucessão de encontros e desencontros dessas ideias e conceitos não é nova no Brasil. De fato, desde os tempos do Império, em que os assuntos relativos à educação eram tratados pelo Ministério da Justiça ou pelo dos Negócios do

Interior, a educação e seus problemas eram identificados com a escolaridade em seus aspectos formais. Com o advento da República, é criado um Ministério que recebe o curioso nome de Ministério da Instrução (identificação com a escola e a aquisição de informações), Correios e Telégrafos (MAIA, 2002). Bem mais tarde, individualiza-se a educação, chegando-se, em 1930, a criar o Ministério da Educação e Saúde. Posteriormente, o imaginário brasileiro começa a reconhecer as relações entre educação e cultura, denominando o Ministério como da Educação e Cultura. Governos mais recentes reconhecem a individualidade da cultura, criando um ministério próprio e deixando a educação unida ao desporto, assim, temos, atualmente, o Ministério da Educação e do Desporto (MAIA, 2002).

Portanto, existe uma intrínseca relação entre cultura e educação, visto que a própria educação é considerada como sendo parte da cultura. A cultura pode ser entendida como fruto da inventividade humana; só existe cultura porque existe o homem e a mulher, e a educação está incluída nesse meio, já que se sabe que desde os primeiros homens e mulheres houve a necessidade de repassar os costumes aos mais jovens, bem como o modo de caça, a preparação de determinado objeto, a maneira de ser, etc.

O processo educativo não acontece apenas na escola, mas convencionou-se socialmente que a escola é responsável pelo processo de educação formal, pela transmissão do saber sistematizado. Como consequência dessa ideia, os saberes aprendidos fora da escola, na educação informal, são recorrentemente postos em segundo plano.

Na verdade, a educação e a cultura são processos complementares, embora, muitas vezes, apresentem-se como contraditórios. Os usos culturais do balão, das queimadas, dos alimentos gordurosos, das brincadeiras preconceituosas, das disputas entre animais como jogo que envolve dinheiro são combatidos pela educação, que, gradativamente, vai modificando os costumes.

Exemplo disso é que, na medida em que o homem, e consequentemente as sociedades primitivas, evoluíam, a necessidade de passar à geração mais nova os conhecimentos construídos socialmente e historicamente acumulados aumentava. A escola surge como difusora da cultura dominante e do conhecimento, na mesma medida em que passa a difundir as ideias de uma cultura etnocêntrica. O etnocentrismo compreende o ato em que uma cultura é posta como o centro, em determinado grupo, passando a servir de padrão para julgar todas as demais formas de cultura, em geral de modo depreciativo. Isso, seus modos de ser, seus costumes e valores são vistos como inferiores. Na visão tradicional, o que há é uma cultura homogeneizadora, com concepção de cultura ideal, cheia de estereótipos; portanto, etnocêntrica (CANDAU, 2008).

No pensar de Candau e Moreira (2003, p. 21), "[...] pode-se argumentar que uma educação de qualidade deve permitir ao estudante ir além dos referentes de seu mundo cotidiano, assumindo-o e ampliando-o, de modo a tornar-se um sujeito ativo na mudança do seu contexto [...]".

A prática educativa escolar tanto pode ser uma perpetuadora de uma cultura etnocêntrica quanto um processo de superação dessa. A educação escolar não pode se manter neutra, é inevitável uma ou outra ação. Portanto, a prática educativa na escola deve levar a comunidade escolar a entender que não existe uma cultura única, uma melhor, superior à outra, mas que existe um multiculturalismo. Cada cultura deve ser vista e entendida à sua própria luz.

Manifestações culturais da escola

Desde os primórdios da história, o homem sente a necessidade de conhecer o que lhe rodeia, a fim de explicar os fatos e fenômenos, dominar a natureza ou facilitar sua existência. Os humanos construíram seus conhecimentos a partir dos desafios necessários à sua sobrevivência. O conhecimento surgiu e foi acumulado em decorrência das experiências vividas.

Com o propósito de uma transformação social, a cultura contribuiu para a construção de um novo espaço de educação, atraindo alunos e suas famílias para a participação. A abordagem de temas, por meio de atividades culturais, cria possibilidades de debates e conversas, e as práticas inovadoras facilitam o diálogo entre alunos e professores, professores e equipe, escola e comunidade. Portanto, a cultura diversa atrai pessoas, dialoga com o cotidiano e com interesses de todas as pessoas inseridas, seja na dança, no rap, no funk, na capoeira ou em qualquer outra forma de expressão cultural.

Nessa expectativa, cultura é tudo que resulta da criação humana: o homem cria, transforma e é afetado por essas transformações. O homem, ao produzir cultura, produz-se a si mesmo, ou seja, ele se autoproduz. Logo, não há cultura sem o homem, como não há homem sem cultura. A cultura, pois, não somente envolve o homem, mas penetra-o, modelando sua identidade, personalidade, maneira de ver, pensar e sentir o mundo.

Dessa forma, vê-se que o currículo, assim como o planejamento, é de suma importância para a efetivação de um trabalho diversificado e próximo da comunidade escolar. Goodson (2003) se refere ao currículo como um processo de fabricação, que não é lógico, mas um processo social, no qual convive lado a lado com fatores lógicos, epistemológicos, intelectuais, determinantes sociais, menos nobres e menos formais, tais como interesses, rituais, conflitos simbólicos e culturais, necessidades de legitimação e de controle, propósitos de dominação dirigidos por fatores ligados à classe, à raça e ao gênero.

Essa diversidade contemplada no currículo e aproveitada no espaço escolar inclui e amplia a participação e as possibilidades de mudança. Ao mesmo tempo em que traz a cultura como um espaço de criatividade, gera uma forma diferente de enxergar o espaço de educação, tornando os ambientes mais atrativos. Cabe ressaltar que a escola é uma instituição construída historicamente no contexto. Dessa forma, o espaço de educação necessita apreender os educandos como sujeitos socioculturais. Não podemos ter uma visão homogeneizante e estereotipada do aluno, temos que dar outro significado a ele. Trata-se de compreendê-lo na sua diferença, enquanto indivíduo que tem uma história, com visões de mundo, escalas de valores, sentimentos, emoções, desejos, projetos, com lógicas de comportamentos e hábitos que lhe são próprios.

O que cada um deles é, ao chegar à escola, é fruto de um conjunto de experiências sociais vivenciadas nos mais diferentes espaços sociais. Assim, para compreendê-lo, temos de levar em conta a dimensão da "experiência vivida". Como lembra Thompson (1981), é a experiência vivida que permite apreender a história como fruto da ação dos sujeitos. Essa lição importa para que pensemos a aprendizagem como algo processual, em relação com a experiência individual.

A escola, mais que a transmissora da "verdadeira cultura", passa a ser concebida como um espaço de cruzamento, conflitos e diálogo entre diferentes culturas. Pérez Gómez (1998) propõe que entendamos hoje a escola como um espaço de "cruzamento de culturas". Tal perspectiva exige que desenvolvamos um novo olhar, uma nova postura, e que sejamos capazes de identificar as diferentes culturas que se entrelaçam no universo escolar, bem como de reinventar a escola, reconhecendo o que a especifica, identifica e distingue de outros espaços de socialização: a "mediação reflexiva" que realiza sobre as interações e o impacto que as diferentes culturas exercem continuamente em seu universo e seus atores.

Conforme Pérez Gómez (1998, p. 17), a vida escolar traz um intercâmbio cultural, e:

> [...] o responsável definitivo da natureza, sentido e consistência do que os alunos e alunas aprendem na sua vida escolar é este vivo, fluido e complexo cruzamento de culturas que se produz na escola entre as propostas da cultura crítica, que se situa nas disciplinas científicas, artística e filosófica; as determinações da cultura acadêmica, que se refletem no currículo; as influências da cultura social, constituídas pelos valores hegemônicos do cenário social; as pressões cotidianas da cultura institucional, presente nos papéis, normas, rotinas e ritos próprios da escola como instituição social específica, e as características da cultura experiencial, adquirida por cada aluno através da experiência dos intercâmbios espontâneos com seu entorno [...].

Também afasta comportamentos mais preconceituosos, uma vez que todas as experiências podem ser válidas para a construção de conhecimento, mesmo aquelas subalternas.

Nesse sentido, a cultura se traduz em linguagens reatualizadas que são comuns aos diversos sujeitos. Além disso, a escola aparece como um espaço privilegiado de práticas coletivas, sociabilidades, representações, símbolos e rituais que os jovens buscam para demarcar uma identidade.

> **Exemplo**
>
> **Manifestação cultural dos jovens**
> O *hip hop* é marcado pela linguagem que fala, da realidade de vida, das injustiças, do amor, está relacionado ao grande número de "seres musicais", *rappers*, que também apresentam uma prática com instrumentos e baterias.

Com isso, vê-se que a escola não deve ficar distante do contexto social e precisa compartilhar do desejo de integrar famílias e culturas e estabelecer um diálogo entre diferentes manifestações culturais, levando em conta as necessidades de cada um. Romper essas barreiras de permitir o uso da escola para todos os fins é um grande desafio. O trabalho só se concretiza se a equipe diretiva acredita na educação como uma das possibilidades de transformação social – a escola precisa escorrer para a rua. Por sua vez, a rua quer e precisa invadir a escola (MARTINS, 2008).

O valor da escola nas manifestações culturais

Com relação à temática, Bourdieu (1996) afirma que "[...] a cultura é o conteúdo substancial da educação, sua fonte e sua justificação última, uma não pode ser pensada sem a outra [...]".

Durante as últimas décadas, vem se discutindo a incorporação da noção de cultura no processo de ensino-aprendizagem. Alguns educadores e movimentos sociais lutam para que suas culturas sejam legitimadas como essências e coparticipantes no processo de ensino. Embasados na ideia de que a cultura é um elemento que nutre todo o processo educacional e que tem um papel de suma importância na formação de um indivíduo crítico e socializado, esses movimentos reivindicam a inclusão da cultura no currículo escolar.

O reconhecimento da multiculturalidade da sociedade leva à constatação da diversidade de raízes culturais que fazem parte de um contexto educativo como uma sala de aula. Nesse sentido, autores como Candau e Anhorn (2002), Forquin (1992), entre outros autores que enfatizam a relação existente entre escola e cultura, instigam-nos a buscar uma melhor compreensão acerca da importância da cultura no processo de aprendizagem e nas práticas pedagógicas. Desse modo, uma educação multicultural tem despertado uma série de discussões entre os mais conceituados autores e pesquisadores, que buscam questionar a incorporação de pressupostos curriculares cooperativos para que, assim, o ambiente escolar se torne favorável aos alunos de todos os grupos sociais, étnicos e culturais.

A escola é defendida como uma entidade socializadora que deve incorporar as diversas culturas, a fim de que haja um ambiente sociável onde todos possam manifestar seus ideais sem medo de serem tachados de antiéticos e serem discriminados pela cultura que manifestam ou à qual pertencem.

Nesse contexto, após uma análise da discussão, pôde-se constatar que existem opiniões diversas a respeito da incorporação da cultura no processo de aprendizagem – alguns educadores relutam em usar a cultura como conteúdo em suas aulas.

Para Candau e Moreira (2003), a escola, além de ser uma instituição educacional, também é uma instituição cultural, pois dentro dela estão inseridos diversos grupos sociais que não devem ser ignorados pelos educadores, mas sim valorizados, a partir de discussões, para que as culturas não tradicionais possam ser conhecidas e reconhecidas quanto a suas ideologias e formas de ser.

Link

No vídeo a seguir, professores e alunos falam da importância de ensinar cultura e identidade afro-brasileira nas escolas. Acesse o link ou o código:

https://goo.gl/ShdX9S

Exercícios

1. O processo educativo não acontece apenas na escola, mas convencionou-se socialmente que a escola é responsável pelo processo de educação formal. "Já a educação não formal..." Marque a alternativa que completa a citação.
   a) É aquela que está relacionada com o processo "livre" de transmissão de certos saberes, tais como: a fala comum a um dado grupo, as tradições culturais e demais comportamentos característicos das diversas comunidades presentes em uma sociedade.
   b) É todo e qualquer processo educativo ocorrido em instituições que pertençam às redes escolares de ensino.
   c) É intencional e organizada, mas casual e empírica, exercida a partir das vivências, de modo espontâneo.
   d) É aquela que abrange algumas das possibilidades educativas, no decurso da vida do indivíduo, construindo um processo permanente e organizado.
   e) Apresenta um cronograma e uma intenção definida e se dá de maneira sistemática.

2. A abordagem de temas diversos, a partir de atividades culturais, cria possibilidades de debates e conversas e as práticas inovadoras, facilitando o diálogo entre alunos, professores e toda a comunidade. Partindo dessa reflexão, escolha a alternativa que vem ao encontro dela.
   a) Com esse trabalho, o aluno terá a aquisição de vários conhecimentos, mas não será ampliado para a diversidade cultural da sua comunidade e, por isso, irá se tornar um cidadão mais crítico e criativo.
   b) Essa é uma iniciativa importante que a escola deve ter, ela visa complementar a formação do aluno, já que um estudante não é feito apenas de matérias como matemática, química, geografia e história. Todas as matérias são importantes, sim, mas é preciso aprender a cultura, por isso a importância das atividades culturais.
   c) A importância das atividades culturais na escola vai mais além; essa atividade vai ajudar e permitir os alunos a desenvolver valores religiosos e artísticos, vão saber se expressar melhor e recuperar os valores humanos.
   d) É possível criar atividades culturais de várias formas, pode resgatar a cultura fazendo trabalhos variados,

menos com sucata, pois desqualifica a criação.
e) É com base nesse trabalho que, desde cedo, o adolescente poderá ter contato com aprendizagens diferenciadas, mas terá dificuldades em reconhecer as diferentes manifestações que definem a identidade cultural da sua comunidade.

3. O que cada educando é ao chegar à escola é fruto de um conjunto de experiências sociais vivenciadas nos mais diferentes espaços sociais. Isso quer dizer que:
a) a experiência não é matéria-prima a partir da qual os jovens articulam sua própria cultura.
b) Os alunos já chegam à escola com um acúmulo de experiências vividas em múltiplos espaços, mas não conseguem, a partir delas, elaborar uma cultura própria.
c) Assim, para compreendê-los, temos de levar em conta a dimensão da experiência vivida, apreendendo o cotidiano como espaço e tempo significativos.
d) Todo indivíduo nasce homem, constitui-se e se produz como tal dentro do projeto de humanidade do seu grupo social.
e) Em um processo contínuo de passagem da natureza para cultura, cada indivíduo, ao nascer, não necessita de formação, já está construído enquanto ser humano.

4. O reconhecimento da multiculturalidade da sociedade leva à constatação da diversidade de raízes culturais que fazem parte de um contexto educativo. Refletindo sobre essa citação, marque a alternativa que conceitua a educação multicultural.
a) Educação multicultural é percebida como uma via pela qual se promove o resgate de valores culturais reconhecidos mundialmente, de forma a se garantir a pluralidade cultural.
b) O multiculturalismo crítico levanta a bandeira da pluralidade de identidades culturais, a homogeneidade como marca de cada grupo e se opõe à padronização e à uniformização definidas pelos grupos dominantes.
c) A educação multicultural propõe uma junção dos modelos preestabelecidos e das práticas ocultas que, no interior do currículo escolar, produzem um efeito de colonização.
d) A educação multicultural prende-se, antes de qualquer coisa, a questões de justiça religiosa, a preocupações políticas de procurar a igualdade e aceitar a discriminação que tem atingido determinadas camadas e grupos sociais.
e) A educação multicultural

voltada para a incorporação da diversidade cultural no cotidiano pedagógico emerge em debates e discussões nacionais e internacionais, buscando questionar pressupostos teóricos e implicações pedagógico-curriculares de uma educação voltada à valorização das identidades múltiplas no âmbito da educação formal.

5. A educação e a cultura são processos complementares. Escolha a alternativa que explica essa afirmação.

a) A escola é um espaço de trocas culturais, é um lugar de propagação e interação da cultura e do conhecimento.
b) A educação é apenas transmissão de informações e ampliação da capacidade de relacionar os conteúdos.
c) É preciso a unificação curricular e um enriquecimento geral da escola, rumo a padrões mais abertos.
d) A cultura não é o alimento da educação e a educação não pode ser transmissora da cultura.
e) A escola é difusora da cultura religiosa e do conhecimento, na mesma medida em que passa a difundir as ideias de uma cultura etnocêntrica.

Referências

BOURDIEU, P. *O poder simbólico*. 11. ed. Rio de Janeiro: Bertrand Brasil, 1996.

CANDAU, V. M. Direitos humanos, educação e interculturalidade: as tensões entre igualdade e diferença. *Revista Brasileira de Educação*. v. 13 n. 37 jan./abr. 2008.

CANDAU, V. M., ANHORN, C. T. G. A questão da didática e a perspectiva multicultural: uma articulação necessária. In: REUNIÃO ANUAL DA ANPED, 23., 2002, Caxambu. *Trabalho apresentado...* Caxambu: ANPED, 2002.

CANDAU, V. M. F.; MOREIRA, A. F. B. Educação escolar e cultura(s): construindo caminhos. *Revista Brasileira de Educação*, Rio de Janeiro, n. 23, p. 156-168, 2003.

FORQUIN, J. C. Saberes escolares, imperativos didáticos e dinâmicas sociais. In: FORQUIN, J. C. *Discurso pedagógico, cultura e poder*. Porto Alegre: Pannonica, 1992. (Teoria & Educação, n. 5).

GOODSON, I. F. *O currículo em mudança*. Lisboa: Porto, 2003.

MAIA, N. A. *Educação e Cultura*: sinônimos ou sistemas em interação? Ano II, n. 3, jan./jun. 2002.

MARTINS, G. A. Estudo de caso: uma reflexão sobre a aplicabilidade em pesquisas no Brasil. *Revista de Contabilidade e Organizações*, v. 2, n. 2, p. 9-18, jan./abr. 2008.

PÉREZ GÓMEZ, A. I. As funções sociais da escola: da reprodução à reconstrução crítica do conhecimento e da experiência. In: GIMENO SACRISTÁN, J.; PÉREZ GÓMEZ, A. I. *Compreender e transformar o ensino*. 4. ed. Porto Alegre: Artmed, 1998.

Leitura recomendada

WAGNER, R. *A invenção da cultura*. São Paulo: Cosac Naify, 2010 [1975]. A Invenção da Cultura. Tradução Marcela Coelho e Alexandre Morales. São Paulo: Cosac Naify, 2014.

UNIDADE 2

Prática pedagógica em cultura e o cotidiano escolar

Objetivos de aprendizagem

Ao final deste texto, você deve apresentar os seguintes aprendizados:

- Reconhecer as diferenças culturais no cotidiano escolar.
- Identificar o valor da prática pedagógica cultural para o educando.
- Analisar práticas culturais criativas no interior da escola.

Introdução

As diferenças culturais são muito variadas e estão em todos os lugares, com várias cores, sons, sabores, crenças e outros modos de expressão. Na educação, fazem-se presentes cada vez com maior força e desafiam visões e práticas profundamente enraizadas no cotidiano escolar.

Neste capítulo, você reconhecerá as diversas culturas que perpassam o cotidiano escolar e a importância de práticas pedagógicas que promovam a cultura do educando. Além disso, estudará as práticas culturais criativas, que oportunizarão uma reflexão sobre a escola e o trabalho desenvolvido no interior desse espaço.

As diferenças culturais no cotidiano escolar

Segundo o Dicionário Aurélio (FERREIRA, 2005, p. 264), cultura é "[...] o ato, efeito ou modo de cultivar [...]" – essa ideia originária de fazer brotar, crescer e desenvolver apresenta-se relacionada à vida. Desse modo, com relação ao conceito de cultura, Pelto (1979) afirma que a característica que torna o homem e a mulher tão diferentes dos outros animais é o fato de que o seu padrão de vida está baseado na cultura, isto é, em padrões de comportamento aprendidos no meio social, baseados em processos simbólicos. Outros animais podem ter rudimentos de cultura, mas, para o homem e a mulher, todo comportamento é cultural.

Antes, os padrões de comportamentos apreendidos na escola trazem à tona a discriminação, em diversas óticas, o que, infelizmente, acaba por influenciar a sociedade. Assim, tornou-se natural tratar a cultura apenas numa perspectiva de discriminação, correndo o risco de se esquecer de que ela vai além do preconceito.

Já Kroeper (apud LAPLATINE, 1988) diz que a cultura é o conjunto dos comportamentos, saberes e saber-fazer característicos de um grupo humano ou de uma sociedade, sendo essas atividades adquiridas a partir de um conjunto de aprendizagem e transmitidas ao conjunto de seus membros.

Nessa referência, percebe-se a cultura como um conjunto de conduta e comportamento de determinado grupo e que, a partir dela, tem-se a padronização de costumes e comportamentos. Ao complementar o conceito de cultura, Laplatine (1988) contribui, defendendo que diferenças significativas, decorrentes da cultura à qual pertencemos, também podem ser encontradas nos menores detalhes dos nossos comportamentos mais cotidianos.

Assim, traçando um paralelo entre o termo cultura e educação, ressalta-se que ambas estão interligadas e que não é possível afastá-las por ser evidente que o entendimento de cultura se ancora, justamente, nos comportamentos desenvolvidos e aprendidos por determinada sociedade. Esse é o fundamental papel da educação inovadora, trabalhar com os valores dos indivíduos e sua cultura, desenvolvendo um trabalho direcionado para a inserção social dos alunos, desprendidos de preconceitos étnicos e identitários.

Nesse processo, a escola desempenha um papel fundamental na formação dos valores éticos e culturais, baseados no respeito às diferenças, promovendo uma transcendência entre cultura e educação. Por conseguinte, entende-se que o indivíduo precisa ser educado para a cidadania democrática, de modo que a escola precisa refletir sobre a diversidade cultural, pensar em sociedade e também em ação e mudanças, nas relações entre pessoas, considerando o grupo, a história o povo, e isso vai além de um único comportamento padrão.

Assim sendo, as mudanças históricas, com o decorrer do tempo, mudam a realidade cultural, na medida em que a globalização possibilita que culturas, tradições e expressões se misturem e entrem em todos os espaços, transformando os indivíduos conforme a interação de cada um (Figura 1).

Figura 1. Mistura de culturas no cotidiano escolar.
Fonte: Rawpixel.com/Shutterstock.com.

O conflito das diferenças culturais deve ser trabalhado na escola e o professor tem a função de mediar o conhecimento, considerando que sempre tem algo a aprender com o educando, pois o conhecimento vai além do ensino-aprendizagem em sala de aula – ele também surge pela convivência e pela troca de experiência com o outro.

A escola deve ser um espaço de socialização, onde são trabalhadas questões como respeito, valores e atitudes. O pedagogo não pode se conduzir por uma cultura viciada e oprimida, isto é, com um olhar sensível, uma vez que desempenha um importante papel na escola de promover uma política de igualdade e respeito à individualidade e à diversidade. Portanto, o profissional da educação deve analisar a realidade onde está inserido e refletir criticidade sobre suas vivências em sala de aula para que, assim, possa intervir de maneira significativa nas questões que dizem respeito à aceitação das diferenças. Para isso, é necessário ter profissionais sensíveis à vida, comprometidos e dispostos a formar uma sociedade justa e igualitária, com atenção às questões relativas à pluralidade de ideias, à diversidade sociocultural e à coletividade.

O pedagogo deve saber que o seu papel vai além da metodologia de repassar conhecimentos; cabe a ele fortalecer o conhecimento do outro, facilitar as relações de maneira democrática, criar na escola um ambiente solidário, onde a igualdade é valorizada, e que possibilite a construção de novas concepções por meio de seu compromisso com a valorização da diversidade.

No espaço cotidiano da escola, deve-se analisar a realidade e refletir criticamente sobre suas vivências em sala de aula para que, assim, possa intervir de maneira significativa nas questões que dizem respeito à aprendizagem com as diferenças (BARBOSA, 2014). Para tal, é necessário ter profissionais sensíveis à vida, comprometidos e dispostos a formar uma sociedade justa e igualitária, com atenção às questões relativas à pluralidade de ideias, à diversidade sociocultural e à coletividade.

É indispensável instrumentalizar a escola para trabalhar com a diversidade, mas não com a diversidade negada, com a diversidade isolada ou a diversidade simplesmente tolerada. Também não se trata da diversidade assumida como um mal necessário ou celebrada como um bem em si mesmo, sem assumir seu próprio dramatismo. Transformar a diversidade conhecida e reconhecida em uma vantagem pedagógica parece ser o grande desafio do futuro (LERNER, 2007).

O valor da prática pedagógica cultural para o educando

O reconhecimento e a valorização das especificidades culturais do outro tem sido um postulado desafiador para a escola, pois é preciso, diariamente, desafiar o preconceito, ser um palco onde desfila a democracia e com um objetivo primordial, que é proporcionar o aprendizado ao aluno.

Além disso, a sala de aula é um espaço repleto de variedades culturais, etnias e grupos. É preciso estar atento a essas questões de natureza discriminatória, principalmente aquelas remetidas às minorias raciais, às mulheres, aos indígenas, etc. É preciso perceber seus desafios contextuais e a forma como tais desafios podem ser trabalhados na escola, no sentido de que os alunos possam aprender a respeitar as diferenças.

Segundo Canen e Oliveira (2002), o multiculturalismo é um termo polissêmico, que engloba desde visões mais liberais ou folclóricas, que tratam da valorização da pluralidade cultural, até visões mais críticas, cujo foco é o questionamento a racismos, sexismos e preconceitos de forma geral, buscando perspectivas transformadoras nos espaços culturais, sociais e organizacionais.

A preocupação pela prática pedagógica cultural se justifica pelo fato de que desenvolver uma postura multicultural na sociedade contemporânea não é uma tarefa fácil. Por isso, os professores devem se subsidiar de conhecimentos para desenvolver uma nova identidade, uma nova postura, assim como "novos saberes, novos objetivos, novos conteúdos, novas estratégias e novas formas de avaliação" (MOREIRA; CANDAU, 2003).

É necessário que o educador seja um questionador capaz de refletir e reformular o currículo e sua prática docente com vistas a diminuir a marginalização dos grupos subalternos.

De acordo com Santomé (2004), é muito raro, no espaço das salas de aula, que os professores desafiem os alunos e as alunas a refletir e investigar as questões relacionadas com a vida e a cultura dos grupos mais próximos do contexto local a que pertencem.

A partir disso, os materiais e o próprio currículo não oferecem qualquer elemento com o qual esses educandos possam se identificar; "[...] suas crenças, conhecimentos, destrezas e valores são ignorados [...]" (SANTOMÉ, 2004, p. 170). Em geral, o local é encarado como um estigma, algo que, dentro de uma prática colonizadora, é necessário ocultar ou, pelo menos, não problematizar.

Portanto, é imprescindível um diálogo entre a cultura e a vida escolar do aluno, já que, muitas vezes, a cultura em que esse aluno está inserido fica fora da sala de aula (Figura 2).

Figura 2. Diálogo cultural na sala de aula.
Fonte: Marco Saroldi/Shutterstock.com.

Exemplo

Como fazer acontecer a educação?
Ao promover o desenvolvimento de visão de mundo, o professor, em contato com o aluno, "faz acontecer a educação" quando essa conexão é mediatizada pelo diálogo. Segundo Gadotti (1999), há três momentos interdisciplinarmente entrelaçados (método Paulo Freire): a investigação temática, pela qual aluno e professor buscam, no universo vocabular do aluno e da sociedade onde ele vive, as palavras e temas centrais de sua biografia; a tematização, pela qual eles codificam e decodificam esses temas – ambos buscam o seu significado social, tomando, assim, consciência do mundo vivido; e a problematização, na qual eles buscam superar uma primeira visão mágica por uma visão crítica, partindo para a transformação do contexto vivido.

A partir da literatura, leitores podem ganhar um entendimento de questões e códigos que estruturam a vida social. Livros direcionados às crianças e aos adolescentes, em particular, têm o potencial de promover entendimento intercultural quando seu foco é em torno de questões que afetam essa população e que tratam de temas e mensagens universais.

Muitos professores utilizam textos curtos na sala de aula (como narrativas, crônicas, ensaios) como uma forma de introduzir conteúdos, promover discussão e complementar os temas apresentados nos livros que os estudantes leem.

O uso da literatura multicultural também oportuniza uma reflexão sobre as atitudes e crenças com relação à diversidade. Os valores culturais são formados a partir de uma tradição histórica e representam aspectos da formação de um povo, elementos presentes na vida de uma população e que compõem e caracterizam uma sociedade. Valores culturais não são permanentes e podem sofrer adaptações com mudanças em fatores históricos, evolução social e econômica, contato com outros grupos e culturas, como, por exemplo, a vinda de imigrantes, que trazem consigo novos valores e elementos culturais, passando a destruir processos discriminatórios. Parte-se da ideia de que nenhuma forma de discriminação ocorre no vácuo. Ao contrário, elas sempre se entrelaçam a outras formas de discriminação, bem como à maneira pela qual uma sociedade se organiza. A discriminação, nessa visão, apresenta-se sob as mais variadas formas, desde a intolerância manifestada no mais alto grau por meio de atos de violência, até as práticas mais sutis, de forma moral e social, que podem se dar mediante brincadeiras ou do isolamento do indivíduo na sociedade.

A educação multicultural é capaz de desenvolver sensibilidade para a pluralidade de valores e culturas. Para tanto, é necessário resgatar valores culturais antes segregados, a fim de reduzir, ou quem sabe extinguir, os preconceitos. Esse é um desafio não só de quem sofre algum tipo de preconceito, mas sim de todo aquele que se indigna com atitudes de exclusão, seja ela étnica, cultural, racial, religiosa, social ou sexual.

Práticas culturais criativas no interior da escola

As práticas pedagógicas podem ser transformadas a partir do envolvimento do educador em oferecer um universo propício para o desenvolvimento integral do educando. Independentemente do lugar, suas ações ficam registradas na vida de cada aluno, por todo o seu ciclo de vida. Surge, então, a proposta de executar práticas inovadoras, sendo oferecido um ambiente que provoque a autonomia e mudanças significativas.

As ações que acontecem no espaço educacional não oferecem apenas o conhecimento cognitivo, mas, certamente e fundamentalmente, as relações com as diversas culturas que ali habitam. O aluno aprende com a convivência, com a troca de valores e hábitos, valorizando e aceitando a diversidade, transformando, de forma participativa e crítica, as práticas propostas interdisciplinarmente e socialmente. Essa atitude colabora na sua formação intelectual e, principalmente, afetiva.

Educar para a cidadania significa educar pessoas capazes de conviver, comunicar e dialogar num mundo interativo, dentro da perspectiva onde as pessoas reconhecem a interdependência dos processos individuais e dos processos coletivos (MARCELOS, 2009).

A interação de um aluno no contexto escolar é necessária diante dos outros participantes desse meio. A relação das trocas de experiências por meio da comunicação do grande grupo e dos diálogos entre educador e educandos colabora no desenvolvimento intelectual, social e cultural. A construção cognitiva está ligada à afetividade, de modo que se deve oferecer ao educando espaços e convivências das diversas formas, explorar a expressão, a percepção, para que ele se identifique enquanto sujeito pertencente a um grupo, com características pessoais e, ao mesmo tempo, coletivas. Assim, a cultura se dá, resultando de todas as ações e criações do indivíduo. O homem, ao produzir cultura, produz-se a si mesmo, ou seja, ele se autoproduz. Portanto, conclui-se que a cultura só existe a partir dos feitos da humanidade; ela não somente envolve o homem, mas penetra-o.

Sendo a escolarização um dos principais meios de socialização das sociedades ocidentais, cabe ao professor parcela de responsabilidade quanto ao incentivo ou bloqueio à manifestação criativa de sua turma (TORRANCE, 1987). A preponderância desse profissional no gerenciamento do talento criativo é apontada por Alencar e Oliveira (2012) em consideração aos estágios de criatividade que ganham expressão com o estímulo adequado. Isso vai ao encontro dos achados de Torrance (1987), que detectou influências importantes da estimulação criativa docente sobre comportamentos criativos inibidos.

Segundo Ventura, Alves e Ventura (2010), atividades artísticas e culturais como música, além de serem prazerosas e criativas, estimulam áreas do cérebro que permitem o desenvolvimento de outras formas de linguagem. São atividades que aguçam a sensibilidade do aluno, melhoram sua capacidade de concentração e ainda sua memória.

Gardner (1994), autor da Teoria das Inteligências Múltiplas, comprova a importância da música na formação do educando e alerta sobre a necessidade de estimular e desenvolver nos alunos a inteligência musical, além das outras formas de Inteligência, já que o autor defende que a inteligência humana se manifesta de sete formas diferentes, a saber: linguística, sinestésica, lógico--matemática, espacial, interpessoal, intrapessoal e musical.

Outra atividade voltada à cultura, desenvolvida no interior do espaço escolar, é a decoração da sala de aula e da própria escola, que se torna relevante quanto à significação de como as diferenças estão sendo trabalhadas. O que se observa na decoração de sala de aula e nas paredes da escola é o reforço de estereótipos culturais. As figuras de crianças, pessoas, imagens e objetos que estão postas nas paredes trazem a exaltação dos padrões da cultura dominante. As figuras, geralmente, são de pessoas brancas, de objetos midiáticos que refletem a sociedade de consumo e da cultura católica dominante, com pouca ou nenhuma alusão a crianças morenas ou negras, estigmatizando e hierarquizando as diferenças culturais entre as crianças que, em sua maioria, pertencem a essas últimas categorias.

Para mudar essas ações, ressalta-se o que pode ser chamado de coração da escola, a organização curricular. Construir uma nova forma de organização curricular e intervir nos currículos são um trabalho eminentemente coletivo, que envolve rever os conteúdos da docência e da ação educativa, escolher e planejar prioridades e atividades, reorganizar os conhecimentos e, acima de tudo, combater o preconceito, viabilizando atividades e reflexões que ressaltem o respeito às diferenças.

Exemplo

A reprodução de estereótipos culturais pode também ser percebida quando da aplicação de um trabalho em equipe na sala de aula. O trabalho consiste na montagem de uma diretoria e quadro de funcionários de uma empresa. A classe fica dividida em cinco equipes, cada equipe com seis alunos(as), misturando em cada equipe ambos os sexos. A cada equipe é entregue uma cartolina na qual está escrita a palavra "EMPRESA", com espaços para os cargos, nessa ordem: presidente, diretor(a), gerente, secretário(a), chefe de produção, auxiliar de produção, faxineiro(a) e servente.

Juntamente com as cartolinas, são entregues figuras de jornais e revistas com pessoas de diversas etnias (indígena, negro, branco, etc.), do sexo masculino e feminino e de classes econômicas distintas. O objetivo do trabalho é que as crianças escolham qual seria a melhor pessoa para ocupar cada função na empresa, com o intuito de observar como as crianças representam quais classes ou etnias mereceriam estar em posição de comando e quais em posições subordinadas. Com base na análise desses trabalhos, pode-se trabalhar os estereótipos culturais e sociais existentes.

O jogo dos privilégios também é uma atividade bastante interessante que pode ser realizada com um grupo de alunos, fazendo uma rotatividade para que todos participem. Os educandos recebem um número X de balões que serão denominados balões dos privilégios. A cada pergunta, o balão será furado ou o aluno poderá pegar de outro colega. As questões variam: estoure quem já sofreu preconceito, quem já foi seguido no supermercado pelo segurança, etc. O aluno pegará um balão quando for perguntado sobre quem já ganhou um carro de seus pais ou quem já estudou em faculdade particular. O resultado poderá ser surpreendente e trabalhará com o perfil social de quem tem mais privilégios e por quê.

A discriminação de gênero, por sua vez, ocorre sempre que se observa, na prática, um tratamento diferenciado, da mulher ou do homem, em prejuízo dos direitos do outro. Acontece que, nas sociedades humanas, essa discriminação, na maioria das vezes, incide sobre a mulher e muito raramente sobre o homem. Nas mais variadas situações, no tempo e no espaço, tem havido discriminação contra a mulher: nos casos de violência praticada contra ela no seio da própria família, podemos falar em discriminação; se, em determinado grupo religioso, o sexo do crente é um referencial importante na hierarquia da instituição e se a mulher é relegada a posições subalternas pelo fato de ser mulher, não há dúvidas de que estamos diante de um caso de discriminação (TOSCANO, 2000).

Saiba mais

Hip hop é cultura
O hip hop, como um elemento de dança, é um destes rituais que se expressa por meio de gestos e no qual o corpo reproduz o sentimento da letra e a entonação. É uma atividade bastante realizada dentro do espaço da escola, pois se identifica com os jovens pela letra impositiva e que busca falar ao mundo das injustiças e desamores. Esse gênero musical é um forte estruturador de movimentos pela valorização da identidade negra: a música, a dança e o estilo de vestir são por si sós produtores de significado.

Exercícios

1. Escolha a alternativa que vem ao encontro da educação inovadora:
   a) Na educação, podemos ajudar a desenvolver o potencial que cada aluno tem, dentro das suas possibilidades e limitações. Para isso, precisamos praticar a pedagogia da compreensão contra a pedagogia da intolerância.
   b) A que faz sentido se for integral, integrada, mas não de forma abrangente.
   c) É a que realiza o processo de ajudar as pessoas para que aprendam a evoluir em todas as dimensões, porém, não subsidia o indivíduo a fazer melhores escolhas no campo intelectual.
   d) É a soma de um dos processos de transmissão do conhecido, do culturalmente adquirido e de aprendizagem de ideias já enraizadas.
   e) O procedimento e as soluções, realizadas prioritariamente pelos educandos que fazem parte de instituições de ensino, organizada ou espontaneamente, formal ou informalmente.

2. O conflito das diferenças culturais deve ser trabalhado na escola. Sendo assim, a função do professor é:
   a) fortalecer o conhecimento do outro, facilitar as relações de maneira democrática, mas sem criar na escola um ambiente solidário, pois enfraquece a diversidade.
   b) atuar em sintonia com o plano de orçamentos da escola, compreendendo seu papel e cumprindo suas metas.
   c) analisar a realidade e refletir criticamente sobre suas vivências em sala de aula para que, assim, possa intervir de maneira significativa nas questões que dizem respeito à aceitação das diferenças.
   d) compreender o estudante de forma integral, buscando identificar suas necessidades de desenvolvimento no nível físico.
   e) conhecer o caminho percorrido pelos antepassados remotos de cada família para que possa trabalhar e obter êxito.

3. A partir da literatura, leitores podem ganhar um entendimento de questões e códigos que estruturam a vida social. Assim, a literatura se faz importante na formação cultural, porque:
   a) é puramente obrigatória, para obter algo, como ler para responder atividades e não ficar sem recreio, e, principalmente, para fazer avaliação e não ser reprovado.

b) aprender a ler, a escrever é, antes de qualquer coisa, aprender a ler o mundo; compreender seu contexto, localizar-se no espaço social mais amplo, a partir da relação linguagem-realidade. Ler o mundo é apreender a linguagem do mundo, traduzindo-o e representando-o.
c) a literatura é apenas um instrumento de aprendizagem, mas deve-se questionar a crença de que quando uma criança aprende a ler, já pode ler de tudo.
d) é uma atividade competitiva, através da qual se ganha prêmios os sofrem sanções.
e) quando os alunos leem, estabelecem um diálogo somente com a personagem, compreendendo as intenções do autor. São levados a fazer perguntas e procurar respostas.

4. Educar para a cidadania significa educar pessoas capazes de conviver. Marque a alternativa que complementa essa afirmação:
a) A educação para a cidadania pretende fazer de cada pessoa um agente, mas não de transformação, e sim de informação, e isso exige uma reflexão que possibilite compreender as raízes históricas da situação de miséria e exclusão.
b) A formação do ser humano começa no momento do seu ingresso na escola. Ali, tem início um processo de humanização e libertação; é um caminho que busca fazer da criança um ser regenerado.
c) A cidadania é entendida como o acesso aos bens materiais produzidos pela sociedade e ainda significa o exercício pleno, não dos direitos, mas dos deveres previstos pela Constituição da República.
d) Educar é um ato que v sa à convivência social, à cidadania e à tomada de consciência política. A educação escolar, além de ensinar o conhecimento científico, deve assumir a incumbência de preparar as pessoas para o exercício da cidadania.
e) Nasce do conhecimento enquanto instrumento religioso de libertação. Ela permitirá o desenvolvimento dos potenciais de cada aluno-cidadão no meio social em que vive.

5. No âmbito escolar, a música deve ser entendida como linguagem artística, importante para a educação e formação humana dos alunos. A música na escola auxilia no desenvolvimento cultural e psicomotor da criança e lhe proporciona contato com a arte. Marque a alternativa que completa essa afirmação.
a) Estimulam e desenvolvem nos alunos, além da inteligência musical, a capacidade de estudar.
b) São atividades que aguçam a sensibilidade do aluno, melhoram sua capacidade de concentração e sua memória.
c) Não há interligação das áreas do cérebro quando est muladas pela música; sendo assim, não aumenta a eficiência, o que

significaria que, utilizando-se de uma linguagem da informática, tornaria o "processador do estudante menos poderoso".

d) Estas manifestações artísticas são formas de linguagem que permitem ao estudante expressar-se a partir da oralidade.

e) Contribuem para seu enriquecimento cultural e crescimento pessoal, mas não contribuem para a construção de um cidadão crítico.

Referências

ALENCAR, E. M. L. S; OLIVEIRA, E.B. P. Importância da criatividade na escola e no trabalho docente segundo coordenadores pedagógicos. *Estudos de Psicologia*. Campinas, n. 29, p. 541-552, out-dez, 2012.

BARBOSA, A. C. A. et al. *Educação e diversidade*. Londrina: Educacional, 2014.

CANEN, A.; OLIVEIRA, A. M. A. Multiculturalismo e currículo em ação: um estudo de caso. *Revista Brasileira de Educação*, Rio de Janeiro, n. 21, p. 61-74, set./dez. 2002.

FERREIRA, A. B. H. *Dicionário Aurélio da Língua Portuguesa*. [S.l.]: Positivo, 2005.

GADOTTI, M. *História das ideias pedagógicas*. 8. ed. São Paulo: Ática, 1999.

GARDNER, H. *As estruturas da mente*: inteligências múltiplas. Porto Alegre: Artes Médicas Sul, 1994.

LAPLATINE, F. *Aprender antropologia*. São Paulo: Brasiliense, 1988.

LERNER, D. Ensenãr en la diversidad. *Lectura y Vida:* Revista Latinoamericana de Lectura, Buenos Aires, v. 26, n. 4, p. 6-17, dez. 2007.

MARCELOS, V. A. *Relações intrapessoais e interpessoais*: reflexões acerca do cotidiano escolar. [S.l.: s.n.], 2009.

MOREIRA, A. F. B.; CANDAU, V. M. Educação escolar e cultura(s): construindo caminhos. *Revista Brasileira de Educação*, Rio de Janeiro, n. 23, p. 156-168, mar./abr. 2003.

PELTO, P. J. *Iniciação ao estudo da antropologia*. Rio de Janeiro: Zahar, 1979.

SANTOMÉ, J. T. A imperiosa necessidade de uma teoria e prática pedagógica radical crítica: Diálogo com Jurjo Torres Santomé. *Currículo sem Fronteiras*, v. 4, n. 2, p. 5-32, jun./dez. 2004.

TORRANCE, E. P. Teaching for creativity. In: ISAKSEN, S. G. (Org.). *Frontiers of creativity research*: beyond the basics. Buffalo: Bearly Limited, 1987.

TOSCANO, M. *Estereótipos sexuais na educação*: um manual para o educador. Petrópolis: Vozes, 2000.

VENTURA, D. R.; ALVES, C. G.; VENTURA, M. L. S. R. Atividades culturais: despertando talentos, formando os cidadãos. *Revista Ponto de Vista*, Viçosa, v. 2, n. 2, 2005. Disponível em: <http://www.coluni.ufv.br/revista-antiga/docs/volume02/atividadesCulturais.pdf>. Acesso em: 05 out. 2010.

Por uma perspectiva interdisciplinar no ensino da cultura: a articulação dos saberes no dia a dia na sala de aula

Objetivos de aprendizagem

Ao final deste texto, você deve apresentar os seguintes aprendizados:

- Reconhecer a prática da cultura de forma interdisciplinar.
- Identificar como se dá a articulação dos saberes.
- Analisar a prática cultural no dia a dia da sala de aula.

Introdução

Vivemos em uma sociedade caracterizada por sua complexidade, e a escola é um local importante para se discutir os fenômenos sociais e a diversidade. Desse modo, o educador se vê diante de diferentes desafios, entre os quais o de encontrar o elo entre o desafio à lógica disciplinar e a sistematização dos conteúdos. É necessário o diálogo entre as disciplinas.

Neste capítulo, você vai refletir sobre o conceito do ensino da cultura e a interdisciplinaridade, buscando identificar como ocorre a articulação dos saberes no cotidiano da sala de aula. Além disso, você vai analisar a prática cultural que permeia a sala de aula, com os educandos e educadores.

O ensino da cultura e a interdisciplinaridade

A globalização trouxe para o mundo contemporâneo uma nova prática e um novo pensar. Todos os campos da sociedade precisaram ser revistos, e a educação não poderia ficar afastada de todo esse processo. O ensino tradicional, em que os conteúdos são trabalhados de forma compartimentada, não pode mais existir sozinho. O conhecimento hoje requer uma nova abordagem a fim de desenvolver as habilidades dos educandos de forma integrada. É o que se entende por interdisciplinaridade.

Essa afirmação é reforçada pelos estudos de Gadotti (1999), em que aponta o surgimento da interdisciplinaridade na metade do século XX, em resposta a uma necessidade verificada principalmente nos campos das Ciências Humanas e da Educação. Essa necessidade era exatamente superar a fragmentação e o caráter de especialização do conhecimento, causados por uma tendência positivista em cujas raízes estão o empirismo, o naturalismo e o mecanicismo científico do início da modernidade.

Já na análise de Frigotto (1995, p. 26), a interdisciplinaridade impõe-se pela própria forma de o "[...] homem [sic] produzir-se enquanto ser social e enquanto sujeito e objeto do conhecimento social [...]". Ele defende o caráter dialético da realidade social, pautada pelo princípio dos conflitos e das contradições, movimentos complexos pelos quais a realidade pode ser percebida como una e diversa ao mesmo tempo, algo que nos impõe delimitar os objetos de estudo por seus campos, porém sem fragmentá-los.

Conforme Goldman (1979), um olhar interdisciplinar sobre a realidade permite que entendamos melhor a relação entre seu todo e as partes que a constituem. Para ele, apenas o modo dialético de pensar, fundado na historicidade, poderia favorecer maior integração entre as ciências. Com isso, sugere-se que a interdisciplinaridade se constitui em uma reação alternativa à abordagem disciplinar conservadora, visando sempre à inovação na produção do conhecimento.

Fazenda (2001) foi a primeira a estudar sobre a interdisciplinaridade no Brasil e é autora de várias obras. Suas primeiras pesquisas nesse campo mostram que existem professores bloqueados nas suas criações, engessados nas tarefas do dia a dia, desapontados e alienados. A interdisciplinaridade, como tudo que é inovador, indica uma transformação nas práticas docentes, buscando novas alternativas, nova visão e nova reflexão sobre a existência. Fazenda (2001) partiu da necessidade do professor de trazer o conhecimento vivenciado, fora do espaço escolar, não só refletido, mas percebido e sentido. Na perspectiva interdisciplinar, ao elaborar essas ideias, o sujeito duvida das teorias postas e inquestionáveis, compreendendo como incompletas para as práticas cotidianas e existenciais. Parte-se para a busca da marca registrada, pessoal, na prática. Esta marca registrada passa pela subjetividade, pela metáfora interior. A cultura interdisciplinar deveria ser assimilada e definitivamente implantada para a renovação da prática escolar, de acordo com Fazenda (2002).

A busca da marca registrada perpassa pela pesquisa interdisciplinar, que tem sido orientada pela recuperação das histórias de vida, importância atribuída à subjetividade e a dimensão simbólica. Em consonância a essas ideias, Alves (2003) aponta que é imprescindível compreender a riqueza da cultura, a diversidade e a complexidade no cotidiano escolar.

Nos estudos desenvolvidos sobre a cultura pensada na sala de aula, que é uma cultura presente nas múltiplas linguagens, ideologias e objetos, Alves (2003) busca analisar, explicar e compreender os modos como estas expressões culturais estão sendo refletidas e apreendidas em cada sujeito, por meio das diversas redes cotidianas em que se encontram alunos e professores.

Assim, a pedagogia multicultural pretende estabelecer relações com várias culturas em seu fazer didático-pedagógico, mas não pode determinar, aos que estão entrando no mundo, o que é o mundo. O papel da escola e do educador toma uma grande dimensão, porque deve preocupar-se com a participação ativa dos educandos, apropriando-se de valores, crenças e referenciais sócio-históricos, para que tenha ainda mais consciência da transformação da realidade em que está inserido.

Articulação dos saberes

A sala de aula sofreu consideráveis modificações recentemente. A tecnologia, antes somente vista nas aulas de informática, passa a fazer parte do cotidiano dos educandos e educadores. A utilização dessas novas tecnologias na mediação escolar firma-se cada vez mais como parte de grande importância no processo de ensino e aprendizagem.

Discutir a articulação dos conhecimentos escolares implica, entre outras questões, refletir sobre a necessidade de mudanças nos projetos educativos das escolas, de modo que os professores valorizem os diferentes saberes e que estes sejam integrados ao fazer educativo. Trata-se de uma questão desafiadora, tendo em vista que as práticas escolares têm sido historicamente desenvolvidas com base em um distanciamento da vida dos educandos, na *artificialização* do processo de aprendizagem e na fragmentação do conhecimento escolar.

As inúmeras práticas envolvendo o trabalho com projetos confirma e reforça que essa pedagogia potencializa a relação entre as áreas de conhecimento, mas de forma integrada com as várias tecnologias presentes no espaço escolar.

A *pedagogia de projetos* evidencia-se como uma atividade que rompe com as barreiras disciplinares, pois torna as suas fronteiras permeáveis e caminha em direção a uma postura interdisciplinar para compreender e transformar a realidade em prol da melhoria da qualidade de vida pessoal, grupal e global (ALMEIDA, 1999).

O novo padrão de educação, que salienta a construção e reconstrução do conhecimento por meio das relações e reflexões realizadas pelos indivíduos envolvidos neste processo, constitui-se em uma prática que requer muita flexibilidade no momento do planejamento.

Segundo Perrenoud (1999), a prática de projetos é dinâmica e se constitui pela elaboração, execução, análise e reformulação. Desta forma, é importante que a elaboração de projetos possa sempre vir acompanhada de boas avaliações e articulações, baseadas nas experiências anteriores.

Fagundes, Sato e Maçada (1999) reforça essas ideias, afirmando que avaliações, feedbacks e reflexões trazem as certezas temporárias e as dúvidas provisórias, provocando a potencialização do diálogo e a articulação dos saberes entre as diversas áreas de conhecimento. Durante o projeto, o educando tem a oportunidade de rever conceitos e estratégias, além de – um dos pontos mais importantes – produzir o conhecimento, conforme as áreas envolvidas.

Além disso, o trabalho por projetos não é solitário; ao contrário, ele exige uma postura colaborativa entre as pessoas envolvidas, que vão tecendo e construindo relações entre áreas e conteúdo, por fim construindo o conhecimento.

> **Saiba mais**
>
> A construção do conhecimento por parte do educando inclui várias etapas culminando com o "saber o quê, saber como, saber porquê, saber para quê". Ao obter respostas a essas etapas do saber, o aluno estabelece as conexões necessárias para produzir conhecimento, em relação ao processo de ensino. Ao estabelecer esses elos, o sujeito em ação (aluno) garante momentos construídos de forma dinâmica e global dentro de um processo de pensamento, apossando-se do significado da realidade concreta e mobilizando-se para o processo pessoal de aprendizagem.

A prática cultural no dia a dia da sala de aula

A interação entre professor e aluno vem se tornando mais dinâmica, devido aos avanços nos âmbitos social, educacional, tecnológico, cultural e de mercado. A globalização e as tecnologias de comunicação e informação proporcionaram também avanços no modo de vida das pessoas e, consequentemente, no trabalho e na educação.

A atuação dos profissionais da área de educação atualiza-se constantemente com a finalidade de atender às demandas dos alunos, não só transmitindo conhecimento, mas buscando a interação e estimulando os alunos para desenvolverem suas habilidades e concretizarem iniciativas e sonhos.

Essencialmente, o profissional da educação necessita dominar conceitos básicos, como educação, sociedade, aprendizagem e conhecimento para o êxito da sua atuação. Ao mesmo tempo, ele precisa conhecer a realidade de seus alunos, como vivem e se relacionam com o meio, pois isso permite que ele se aproxime do grupo. Compreendendo seus alunos, o professor tem a possibilidade de atuar e interferir positivamente no processo educacional e na formação desses indivíduos. É igualmente importante que o professor conheça a escola em que trabalha, qual seu papel na comunidade na qual estão inseridos, seus objetivos e valores. Só é possível estabelecer formas de trabalho mais interessantes para professor e aluno (SANTOS, 2013).

Cagliari (2002) acredita que a escola moderna se envolveu em um emaranhado de teorias e métodos, mas se afastou da realidade de seus alunos. Para o autor, o aluno não aprende porque a escola não ensina e não sabe ensinar, e os que aprendem, o fazem em grande parte, apesar do que a escola ensina. Na visão do autor, a escola usa e abusa da força da linguagem para ensinar o lugar de cada um na instituição e até na sociedade. Muitas vezes, a maneira como se fala, como se deixa falar, sobretudo como se pergunta e como são aceitas as respostas é usada não para avaliar o desenvolvimento intelectual do aluno, mas como um subterfúgio para lhe dizer que é "burro", "incapaz" ou "excelente" (CAGLIARI, 2002).

Para Vygotsky (2006), o desenvolvimento é resultado da aprendizagem, e esta não é, em si mesma, desenvolvimento, mas sim uma *organização* da aprendizagem da criança que conduz ao desenvolvimento mental, ativa todo um grupo de processos de desenvolvimento; essa ativação não poderia produzir-se sem a aprendizagem. Por isso, a aprendizagem é um ponto intrinsecamente necessário e universal para que se desenvolvam na criança essas características humanas não naturais, mas formadas historicamente (VYGOTSKY, 2006).

Segundo os pressupostos da teoria histórico-cultural, Duarte (1999) aponta que os indivíduos, para se inserirem nesse processo histórico da espécie humana, precisam produzir e reproduzir a realidade, o que não podem realizar, no entanto, sem a apropriação dos resultados da história da atividade humana.

> **Saiba mais**
>
> Em uma reportagem realizada em 2008, André Lázaro afirma ser importante que o ensino valorize a diversidade. "As pessoas tendem a uniformizar todas as tribos como índias, apenas. Isso seria como dizer que russos, ingleses, franceses e alemães são todo o mesmo povo. O guarani, os tucanos, os *yanomami*, por exemplo, são absolutamente diferentes, cada tribo tem as suas peculiaridades" (LEMLE; BARBOSA, 2008).

Ao impossibilitar a relação entre o processo de apropriação e de objetivação, a escola não cumpre sua missão em relação à leitura, não forma leitores, pois "o indivíduo se forma, apropriando-se dos resultados da história social e objetivando-se no interior dessa história, ou seja, sua formação se realiza por meio da relação entre objetivação e apropriação" (DUARTE, 1999, p. 47). A criança se apropria da leitura quando é capaz de objetivá-la, inserindo-a em sua atividade social.

> **Exemplo**
>
> Certamente a luta pelo reconhecimento para fazer valer seus direitos assegurados por lei, vigente na Constituição de 1988:
>
>> Art. 205. A educação, direito de todos e dever do Estado e da família, será promovida e incentivada com a colaboração da sociedade, visando ao pleno desenvolvimento da pessoa, seu preparo para o exercício da cidadania e sua qualificação para o trabalho.
>>
>> Art. 206. O ensino será ministrado com base nos seguintes princípios: I – igualdade de condições para o acesso e permanência na escola; II – liberdade de aprender, ensinar, pesquisar e divulgar o pensamento, a arte e o saber; III – pluralismo de ideias e de concepções pedagógicas, e coexistência de instituições públicas e privadas de ensino.

Link

Acesse o link ou o código a seguir e leia o artigo "Identidade e cultura: a face social da língua".

https://goo.gl/82xwbw

Exercícios

1. A interdisciplinaridade surge para superar a fragmentação e o caráter de especialização do conhecimento (Gadotti, 1999). Escolha alternativa que vem ao encontro da afirmação:
   a) A utilização da interdisciplinaridade é uma forma de desenvolver um trabalho de análise dos conteúdos de uma disciplina com outras áreas de conhecimento.
   b) A interação na interdisciplinaridade é uma forma que possibilita a formulação de um saber crítico-reflexivo, saber esse que deve ser valorizado no processo de ensino-aprendizado.
   c) Proporciona um diálogo entre as disciplinas, relacionando-as entre si para a compreensão da realidade que está presente. A interdisciplinaridade busca anular as disciplinas no momento de enfrentar temas de estudo.
   d) No processo, o professor apenas assiste o estudo das matérias e, assim, os alunos atingem progressivamente o desenvolvimento de suas capacidades mentais.
   e) A interdisciplinaridade oferece, em parte, um retrocesso diante do conhecimento, uma mudança de atitude e, em busca do ser como pessoa integral.

2. Marque a alternativa que completa o conceito de "pedagogia multicultural".
   a) O multiculturalismo apenas não está voltado à política, nem mesmo aos grupos como negros, índios, mulheres e outros que reivindicam perante as autoridades políticas seus direitos e

deveres como cidadãos.
b) A pedagogia multicultural se dá com a formação de um plano de aula que aborde essa questão ensinando os alunos a não terem preconceitos, já que a escola é um espaço de socialização.
c) O multiculturalismo se refere a estudos voltados para as diferentes culturas espalhadas nos lugares do mundo, objetivando a partir da aprendizagem a importância de cada cultura a fim de evitar os conflitos sociais.
d) O multiculturalismo acontece quando não há reconhecimento e respeito a identidades culturais diferentes das nossas e quando se olha para determinado grupo social e o vê com mais direitos do que o seu próprio.
e) A prática do multiculturalismo faz com que aprendamos a interagir e respeitar os diferentes grupos sociais de forma superficial, para que possamos influenciar os educandos.

3. A pedagogia de projetos evidencia-se como uma atividade que rompe com as barreiras. Marque a alternativa que complementa a afirmação:
a) Quando o educando participa de um projeto escolar, automaticamente está envolvido com toda a experiência educacional, em que o processo de construção de conhecimento está integrado à vida, mas não às práticas vividas, apenas em relação à memória.
b) Com a participação no projeto, o educando está desenvolvendo uma atividade bastante simples; neste processo, ele está se apropriando de um determinado objeto do conhecimento cultural, formando-se como sujeito cultural.
c) O trabalho com projetos adota uma postura metodológica bastante antiga, sendo uma concepção em que o professor organiza as situações de aprendizagem.
d) A pedagogia de projetos, apesar de bastante importante, não oferece ao professor condições para que ele avalie seu trabalho.
e) A pedagogia de projeto oportuniza situações problemáticas, reais e diversificadas, fazendo com que o educando possa opinar, decidir e debater, ao mesmo tempo em que constrói a sua cidadania.

4. Marque a alternativa que traz a importância da interação entre professor e aluno:
a) A atuação na escola depende exclusivamente da vontade de um professor.
b) É importante considerar a relação entre professor/aluno junto ao clima estabelecido pelo professor, da relação individualizada com seus alunos.
c) Não é o modo de agir do

professor em sala de aula que passa a colaborar para uma aprendizagem adequada dos alunos.
d) O modo de agir do educador no espaço da sala de aula, mais do que suas características pessoais, é que colabora para uma adequada aprendizagem dos alunos.
e) A relação estabelecida entre professores e alunos não se apresenta como relevante, no processo pedagógico.

5. A escola é, por excelência, a instituição responsável por propiciar a apropriação do saber historicamente produzido e organizado. Escolha a alternativa que completa esta afirmação:
a) A escola configura-se como o espaço não institucional e se constitui o palco das diversas interações, sobretudo entre os intervenientes, professores e alunos e na relação entre eles.
b) É uma escola capaz de pensar criticamente o presente e de imaginar criativamente o futuro, contribuindo para a sua realização por meio do engajamento político em causas públicas e da ação educativa comprometida com o bem comum e o destino coletivo da humanidade.
c) A escola tende a funcionar como um instrumento de um determinado poder religioso e é tanto mais eficaz quanto se conjuga com uma ampla dinâmica social e espiritual.
d) A escola tem a tarefa de aproveitar as experiências dos alunos, porém não as que se relacionam com o conteúdo, pois não é o foco na aprendizagem.
e) Na escola não se ensina o que as coisas dizem, ensinamos o que elas querem dizer. Por isso, a escola é o lugar do passado.

Referências

ALMEIDA, M. E. B. *Projeto*: uma nova cultura de aprendizagem. São Paulo: PUC, 1999. Disponível em: <http://www.educacaopublica.rj.gov.br/biblioteca/educacao/0030.html>. Acesso em: 18 jan. 2018.

ALVES, N. Cultura e cotidiano escolar. *Revista Brasileira de Educação*, Rio de Janeiro, n. 23, p. 62-74, 2003. Disponível em: <http://www.scielo.br/scielo.php?pid=S1413-24782003000200005&script=sci_abstract>. Acesso em: 18 jan. 2018.

BRASIL. *Constituição da República Federativa do Brasil de 1988*. Brasília: Presidência da República, 1988. Disponível em: <http://www.planalto.gov.br/ccivil_03/constituicao/constituicao.htm>. Acesso em: 18 jan. 2018.

CAGLIARI, L. C. *Alfabetização e linguística*. São Paulo: Scipione, 2002.

DUARTE, N. *A individualidade para-si*: contribuição a uma teoria histórico-social da formação do indivíduo. Campinas: Autores Associados, 1999.

FAGUNDES, L. C.; SATO, L. S.; MAÇADA, D. L. *Aprendizes do futuro*: as inovações começaram! Brasília: MEC, 1999. (Cadernos Informática para Mudança em Educação).

FAZENDA, I. *Dicionário em construção*: interdisciplinaridade. São Paulo: Cortez, 2001.

FAZENDA, I. *Práticas interdisciplinares na escola*. São Paulo: Cortez, 2002.

FRIGOTTO, G. A interdisciplinaridade como necessidade e como problema nas ciências sociais. In: JANTSCH, A. P.; BIANCHETTI, L. (Org.). *Interdisciplinaridade*: para além da filosofia do sujeito. Petrópolis: Vozes, 1995.

GADOTTI, M. *Interdisciplinaridade*: atitude e método. São Paulo: Instituto Paulo Freire, 1999. Disponível em: <file:///C:/Users/10086049/Downloads/Interdisci_Atitude_Metodo_1999.pdf >. Acesso em: 18 jan. 2018.

GOLDMAN, L. *Dialética e cultura*. Rio de Janeiro: Paz e Terra, 1979.

LEMLE, M.; BARBOSA, S. Índios no plural: escolas do país têm novo desafio: ensinar história e cultura indígenas sem preconceitos e valorizando a diversidade. *Revista de História*, 08 abr. 2008.

PERRENOUD, P. *Construir as competências desde a escola*. Porto Alegre: Artmed, 1999.

SANTOS, E. S. Trabalhando com alunos: subsídios e sugestões: o professor como mediador no processo ensino aprendizagem. *Revista Gestão Universitária*, n. 40, 2013. Disponível em: <http://www.udemo.org.br/RevistaPP_02_05Professor.htm>. Acesso em: 18 abr. 2013.

VYGOTSKY, L. S. Aprendizagem e desenvolvimento na idade escolar. In: VYGOTSKY, L. S.; LURIA, A. R.; LEONTIEV, A. N. *Linguagem, desenvolvimento e aprendizagem*. 10. ed. São Paulo: Ícone, 2006. p. 103-117.

Leituras recomendadas

GIBBONS, M. et al. *La nueva producción del conocimiento*: la dinámica de la ciencia y la investigación en las sociedades contemporáneas. Barcelona: Pomares-Corredor, 1997.

VEIGA-NETO, A. Cultura, culturas e educação. *Revista Brasileira de Educação*, Rio de Janeiro, n. 23, p. 5-15, maio/ago. 2003.

UNIDADE 3

Processos didático-pedagógicos e as múltiplas dimensões da cultura, dos conteúdos, métodos e procedimentos escolares e não escolares em arte

Objetivos de aprendizagem

Ao final deste texto, você deve apresentar os seguintes aprendizados:

- Identificar processos didático-pedagógicos e as múltiplas dimensões culturais.
- Reconhecer conteúdo, método e procedimento escolar em arte.
- Reconhecer conteúdo, método e procedimento não escolar em arte.

Introdução

Neste capítulo você refletirá sobre os processos didático-pedagógicos e as múltiplas dimensões culturais, tanto escolares quanto não escolares, no ensino de arte. Para isso, primeiramente, identificará esses processos que acontecem na escola durante o ato de ensinar. Logo após, verá uma discussão sobre o ensino de arte e o valor do professor como instrumento principal para as transformações na educação. Por fim, aprenderá sobre o procedimento não escolar na disciplina de arte e o valor que há nessas ações, dentro ou fora da escola, determinando, assim, que em todos os lugares existe aprendizagem.

Processos didático-pedagógicos e as múltiplas dimensões culturais

Os processos pedagógicos são processos intencionais, deliberados, que têm por objetivo promover, em contextos culturais definidos e de modo sistematizado, relações significativas entre o aprendiz e o conhecimento produzido pelos homens e mulheres em seu processo social e histórico de produção das condições materiais de sua existência (LERNER, 1996).

De acordo com Freire (1996), o conhecimento se produz na escola e nas relações sociais e é construído na relação dialógica entre o aprendiz e ensinante, a partir de referenciais curriculares da tradição humana. Em seu conjunto, torna-se necessário diferenciar dois tipos de processo pedagógico. Primeiro, os amplamente pedagógicos, constituídos pelas dimensões educativas presentes em todas as experiências de vida social e laboral e que são assistemáticas, não intencionais, mas nem por isso pouco relevante do ponto de vista da produção do conhecimento. Em segundo lugar, há aqueles processos especificamente pedagógicos, para os quais é central a compreensão de como se apreende e de como se produz o conhecimento. Embora a ciência contemporânea esteja longe de dar respostas totalizantes a essa questão, há alguns pressupostos a partir dos quais é possível avançar na construção de situações mediadoras entre o aprendiz e o conhecimento.

O primeiro deles é que as formas culturais se internalizam ao longo do desenvolvimento dos indivíduos e se constituem no material simbólico que medeia a sua relação com os objetos do conhecimento. Ou seja, a cultura fornece aos indivíduos os sistemas simbólicos de representação e suas significações, que se convertem em organizadores do pensamento, ou seja, em instrumentos aptos para representar a realidade.

A partir desse pressuposto, uma primeira questão se coloca: em uma sociedade dividida em classes, os homens e as mulheres vivem em espaços culturais que, embora se cruzem, são diferenciados, promovendo diferentes oportunidades de acesso aos bens culturais. Essas diferenças culturais, que resultam, dentre outras desigualdades, da desigualdade de classes, têm que ser consideradas nos processos de ensino. Os alunos têm universos diferenciados de significados, nem sempre contemplados na linguagem e nas práticas pedagógicas, o que, na maioria das vezes, supõe uma uniformidade conceitual que não existe no ponto de partida dos processos de ensino; aproximar esses universos de significados é fundamental para assegurar o desenvolvimento do conhecimento científico-tecnológico e sociohistórico.

Segundo Saviani (2007), os métodos devem favorecer o diálogo, estimular a atividade, a iniciativa, o interesse e o ritmo de aprendizagem dos alunos, mas sem deixar de focar a função primordial da escola: valorizar a cultura historicamente acumulada; os conteúdos sistematizados tão necessários à emancipação das classes menos favorecidas.

Para Vygotsky, a internalização do conhecimento não se dá espontaneamente, conferindo à intervenção pedagógica decisivo papel; ou seja, se o homem e a mulher são capazes de formular seus conceitos cotidianos espontaneamente, o que não se dá no caso do desenvolvimento de conceitos científicos, que demandam ações especificamente planejadas e competentes para esse fim (LERNER, 1996). Ou seja, o desenvolvimento das competências complexas, que envolvem intenção, planejamento, ações voluntárias e deliberadas, dependem de processos sistematizados de aprendizagem. Essas dimensões – consciência, vontade, intenção – pertencem à esfera da subjetividade; o processo de internalização, que corresponde à formação da consciência, é também um processo de constituição da subjetividade a partir de situações de intersubjetividade; a passagem do nível intersubjetivo para o nível intrasubjetivo envolve relações interpessoais densas, mediadas simbolicamente, e não trocas mecânicas limitadas a um patamar meramente individual.

Segundo Vygotsky, as ações pedagógicas implicam em apresentações sistemáticas que obriguem os aprendizes a uma atitude metacognitiva, o que equivale a um domínio e controle consciente do sistema conceitual, bem como a um uso deliberado das suas próprias operações mentais, havendo uma reconstrução dos conceitos cotidianos a partir de sua interação com os conceitos científicos (LERNER, 1996). Para tanto, estabelece-se um permanente movimento entre sujeito e objeto, o interno e o externo, o intrapsicológico e o interpsicológico, o individual e o social, a parte e a totalidade.

Estas relações entre o objeto a ser aprendido e o sujeito da aprendizagem, para o mesmo autor, são sempre mediadas por outros indivíduos; a interação do sujeito com o mundo se dá pela mediação de outros sujeitos, de maneira que a aprendizagem não ocorre como resultado de uma relação espontânea entre o aprendiz e o meio. Da mesma forma, é sempre uma relação social, resultante de processos de produção que o sujeito coletivo foi construindo ao longo da história (Figura 1). Mesmo quando a aprendizagem parece resultar de uma ação individual, ela sintetiza a trajetória humana no processo de produção cultural (VYGOTSKY, 1984).

Se considerarmos a aprendizagem como resultado de processos intencionais e sistematizados de construção de conhecimentos, a intervenção pedagógica, o ato de ensinar, é um mecanismo privilegiado e a escola é o espaço privilegiado para a sua realização. É preciso, pois, melhor conhecer esse processo, que articula conteúdo, método, atores, tempos e espaços educativos.

A primeira constatação a fazer é que o processo cognitivo a ser desencadeado por quem aprende, o saber que se pretende ensinar e a ação pedagógica a ser desenvolvida pelo professor são categorias que estão em permanente relação, o que, por sua vez, sintetiza as relações sociais em seu conjunto; não se pode, portanto, tratar essas variantes isoladamente ou descontextualizadas, pois encerram uma função social determinada por um projeto de sociedade e por uma dada concepção de sujeito. Assim, não há conteúdo ou procedimentos que sejam bons em si mesmos; eles demonstrarão sua eficácia na medida em que respondam a uma dada situação em que se articulam o contexto social, o aprendiz e o professor. Apreender essa relação e trabalhar competentemente com ela é a primeira preocupação a pautar a intervenção pedagógica.

A segunda sintetiza os pressupostos que foram analisados ao longo do texto: ensinar é colocar problemas, propor desafios a partir dos quais seja possível reelaborar conhecimentos e experiências anteriores, sejam conceitos científicos, conhecimentos cotidianos (senso comum) ou saberes tácitos; para isso, é necessário disponibilizar todas as informações que sejam necessárias a partir de todos os meios disponíveis, orientando para o manuseio dessas informações, em termos de localização, interpretação, estabelecimento de relações e interações, as mais ricas e variadas possíveis; a multimídia pode contribuir significativamente nesse processo, sem que se secundarize a importância das fontes tradicionais (PERRENOUD, 1999).

Ensinar é promover discussões, de modo a propiciar a saudável convivência das divergências com os consensos possíveis, resultantes da prática do confronto, da comparação, da análise de diferentes conceitos e posições. Ensinar é planejar situações através das quais o pensamento tenha liberdade (FREIRE, 1996) para mover-se das mais sincréticas abstrações para a compreensão possível do fenômeno a ser aprendido, em sua inter-relação e em seu movimento de transformação, a partir da mediação do empírico; é deixar que se perceba a provisoriedade e que nasça o desejo da contínua busca por respostas que, sempre provisórias, nunca se deixarão totalmente apreender; é criar situações para que o aprendiz faça seu próprio percurso, nos seus tempos e em todos os espaços, de modo a superar a autoridade do professor e construir a sua autonomia.

Se as instituições educacionais escolares cumprem, por um lado, funções sociais determinadas, elas igualmente se modificam independentemente dessas determinações, pois são moldadas e construídas pela história sociocultural de vida pessoal e profissional de seus personagens, com suas vivências, experiências, utopias, realizações e possibilidades (TURA, 2000).

Toma-se, pois, esse momento, como uma etapa de superação e aprofundamento no campo de estudos culturais sobre os estabelecimentos escolares, no qual inter-relações teóricas e metodológicas são ampliadas ou reduzidas a propostas de pesquisas científicas mais ou menos abrangentes. Numa tentativa de organização, ainda provisória, pode-se dizer que tais pesquisas tendem a priorizar três dimensões culturais básicas: a cultura na escola, a cultura da escola e a cultura escolar.

Nessa dimensão da cultura na escola, encontram-se estudos e pesquisas científicas que procuram "[...] examinar nos estabelecimentos escolares as características ou manifestações socioculturais específicas ou a diversidade e as diferenças étnico-culturais marcantes entre o corpo docente e discente [...]" (DAYRELL, 1999, p. 21).

Já as pesquisas científicas voltadas para a compreensão da chamada "cultura da escola" buscam dar visibilidade ao que se denomina ethos cultural de um estabelecimento de ensino, sua marca ou identidade cultural, constituída por características ou traços culturais que são transmitidos, produzidos e incorporados pela e na experiência vivida no cotidiano escolar. Para que se possa compreender o significado de cultura da escola, Forquin (1993, p. 167) chama a atenção para o fato de que, entre outras questões, "[...] a escola é também um 'mundo social', que tem suas características de vida próprias, seus ritmos e ritos, sua linguagem, seu imaginário, seus modos próprios de regulação e transgressão, e seu regime próprio de produção e gestão de símbolos [...]".

Os estudos que têm o foco de investigação científica na cultura escolar tendem a privilegiar as transformações e impregnações que constituem a vida escolar, reconstituindo a trajetória histórica e social de instituições educacionais escolares, a partir de recortes espaço-temporais mais demarcados. Busca-se identificar a presença de um ethos escolar na maneira de ser, agir, sentir, conceber e representar a vida escolar, as vivências de alunos e professores que passaram por um estabelecimento de ensino, num determinado momento histórico (CAMARGO, 2000).

Em outras palavras, isso significa dizer que, nessa dimensão cultural, é central a trama das relações e interações sociais, as experiências pessoais e profissionais vividas por seus atores considerados, porém, em cenários e configurações que se corporificam em memórias e legados socioculturais familiares, políticas educacionais, concepções de formação, conhecimentos, processos didáticos, técnicas pedagógicas específicas, representações sociais, sentidos e significados sobre o papel da escola e de seus atores na sociedade. Esses estudos, todavia, ganham dimensões sociais e culturais mais abrangentes ao relacionarem a trajetória de escolas e de seus agentes ao movimento das ideias e práticas pedagógicas que predominam na sociedade e no meio educacional, em determinada época histórica.

O ensino da arte na escola

Há sempre uma tensão entre a política curricular e o currículo praticado; nas artes, isso não é diferente. Especialmente em tempos de implantação de uma nova Base Nacional Comum Curricular, esse tipo de discussão se torna premente para os professores de arte nas escolas.

O assunto aponta para uma discussão que precisa ser encarada com seriedade e discernimento por professores de arte, gestores, estudantes, no sentido de encontrar alternativas eficazes que permitam o resgate dos conteúdos e objetivos específicos ao ensino de arte.

Barbosa (1978) defende que os novos métodos de ensino de arte não são resultantes simplesmente da junção da arte e da educação, muito menos da oposição entre elas, mas da sua interpenetração.

O professor é o instrumento principal para as transformações no ensino de arte, é o diferencial, o colaborador para a eficácia do bom aproveitamento dos conteúdos. Segundo Barbosa (2008, p. 50), "[...] sua tarefa é oferecer a comida que alimenta o aprendiz, é também organizar pistas, trilhas instigantes para descobertas de conhecimentos, pelos alunos e visitantes, alimentando-se também." Como tal, é necessário que ele, enquanto profissional, entenda a importância do seu posicionamento e compromisso face à questão, buscando, em parceria com as instituições de ensino, possíveis soluções para a melhoria da qualidade do ensino.

Desde sua publicação e distribuição às escolas, os Parâmetros Curriculares Nacionais (PCN) constituem um referencial de qualidade para a educação para o ensino básico em todo Brasil. Segundo o PCN (BRASIL, 1997a), sua função é orientar e garantir a coerência dos investimentos no sistema educacional, socializando discussões, pesquisas e recomendações, subsidiando a participação de técnicos e professores brasileiros, principalmente daqueles que se encontram mais isolados, com menor contato com a produção pedagógica atual:

> Até dezembro de 1996, o ensino fundamental esteve estruturado nos termos previstos pela Lei Federal n. 5.692, de 11 de agosto de 1971. Essa lei, ao definir as diretrizes e bases da educação nacional, estabeleceu como objetivo geral, tanto para o ensino fundamental (primeiro grau, com oito anos de escolaridade obrigatória) quanto para o ensino médio (segundo grau, não obrigatório), proporcionar aos educandos a formação necessária ao desenvolvimento de suas potencialidades como elemento de auto-realização, preparação para o trabalho e para o exercício consciente da cidadania. (BRASILa, 1997, p. 13).

Fique atento

Na proposta dos Parâmetros Curriculares Nacionais, arte tem uma função tão importante quanto a dos outros conhecimentos no processo de ensino aprendizagem. A área de arte está relacionada com as demais áreas e tem suas especificidades (BRASIL, 1997b). Tal proposta é considerada uma vitória diante das lutas por igualar no mesmo patamar as disciplinas, embora não esquecendo de trazer à tona os questionamentos quanto ao tempo e ao espaço para aplicação da disciplina.

O objetivo dos conteúdos é atender os níveis de aprendizagens do aluno no domínio do conhecimento artístico e estético ou no processo de criação, pelo fazer, seja no contato com obras de arte com outras manifestações presentes nas culturas, seja na natureza. "O estudo, a análise e a apreciação da arte podem contribuir tanto para o processo pessoal de criação dos alunos como também para sua experiência estética e conhecimento do significado que ela desempenha nas culturas humanas" (BRASIL, 1997b, p. 49).

Essa articulação dos conteúdos dentro do processo de ensino e aprendizagem vem efetivar os eixos que norteiam esse processo com o tripé produzir, apreciar e contextualizar, de suma importância na compreensão das atividades, movendo o aluno no desenvolvimento do pensamento individual e coletivo. "Isso traz consciência do desenvolvimento de seu papel de estudante em arte e do valor e continuidade permanente dessas atitudes ao longo de sua vida" (BRASIL, 1997b, p. 50).

> **Fique atento**
>
> O ensino e a aprendizagem de arte não são mera proposição de atividades sem fundamentos. Ao aluno, bem como à instituição de ensino, deve-se fazer entender que a disciplina tem objetivos específicos e os conteúdos "[...] sempre se ligam a determinado espaço cultural, tempo histórico e a condições particulares que envolvem aspectos sociais, ambientais, econômicos, culturais, etários" (BRASIL, 1997b, p. 49). O professor é o mediador entre as partes instituição/aluno e é responsável pela disseminação do conhecimento.

As atividades práticas nem sempre são trabalhadas no contexto tradicional do conteúdo. São atividades utilizadas como passatempo para o aluno descarregar a tensão das horas dedicadas com afinco nas disciplinas julgadas indispensáveis. Deve ficar claro que o ensino e a aprendizagem de arte não é mera proposição de atividades sem fundamentos; ao aluno, bem como à instituição de ensino, deve-se fazer entender que a disciplina tem objetivos específicos e os conteúdos "[...] sempre se ligam a determinado espaço cultural, tempo histórico e a condições particulares que envolvem aspectos sociais, ambientais, econômicos, culturais, etários" (BRASIL, 1997b, p. 49). Barbosa (2008, p. 80) afirma que "[...] a arte tem conteúdo específicos a oferecer (...) o aprendizado artístico compreendia mais do que a habilidade de utilizar materiais de arte [...]"; segundo a teórica, o papel do professor deve ser ativo e exigente e não simplesmente de um fornecedor de materiais e um apoio emocional. No ensino de arte, é interessante aliar a teoria à prática com o intuito de construir no discente um pensamento histórico crítico, seguindo-se a essa prática a análise das obras e dos conteúdos. Quanto à relação teoria/prática, os Parâmetros Curriculares Nacionais (BRASIL, 1997a, p. 50) enfatizam:

Na prática das salas de aula, observa-se que os eixos do produzir e do apreciar já estão de alguma maneira contemplados, mesmo que o professor o faça de maneira intuitiva e assistemática. Entretanto, a produção e a apreciação ganham níveis consideravelmente mais avançados de articulação na aprendizagem dos alunos quando estão complementadas pela contextualização.

Conteúdo, método e procedimento não escolar em arte

A questão da educação não formal, de não ter a formalidade de uma instituição escolar, não diminui em nada sua potencialidade, pois a educação não formal é um processo contínuo dado em espaços sociais, com ênfase nos interesses e necessidades do grupo envolvido, independentemente da idade ou situação em que se encontram, com respeito e valorização à diversidade.

Nesse sentido, primeiramente, é preciso que essa proposta de educação não formal funcione como espaço e prática de vivência social, que reforce o contato com o coletivo e estabeleça laços de afetividade com esses sujeitos. Para tanto, necessita-se de um local onde todos tenham espaço suficiente para experimentar atividades lúdicas, entendidas como tudo aquilo que provoca e seja envolvente e vá ao encontro de interesses, vontades e necessidades de adultos e crianças (SIMSON; PARK; FERNANDES, 2001).

Assim, a educação não formal poderia ser exemplificada por práticas em que o compromisso com questões que são importantes para um determinado grupo é considerado como ponto fundamental para o desenvolvimento desse trabalho; esse compromisso torna-se mais importante do que qualquer outro conteúdo preestabelecido por pessoas ou instituições.

Enfim, certos de que a educação é um direito de todos os cidadãos, assegurando-se a igualdade de oportunidades (BRASIL, 1988), onde a escola tem papel essencial no processo de formação, pode-se dizer que, para educação não formal, não se trata apenas de instruir os jovens e crianças em determinadas habilidades, nem de levá-los a se apropriarem de um acervo de conhecimentos, mas de instaurar e amadurecer o próprio pensar, base da construção de sua autonomia pessoal, tendo como parâmetro a alteridade, o respeito ao semelhante.

Partindo do pensamento de Freire (1996, p. 25) sobre o processo de ensino, sobre qual o autor cita que "[...] saber ensinar não é transferir conhecimento, mas criar as possibilidades para a sua própria produção ou a sua construção [...]", percebe-se que o ensino não deve ser uma mera transmissão de conhecimento, mas deve possibilitar ao educando a construção do seu próprio conhecimento, baseado no conhecimento que ele traz de seu dia a dia familiar. Para isso, é necessário um novo entendimento de organização educacional, não que substitua a administração, mas que supere o enfoque fragmentado.

Saiba mais

Se estivesse claro para nós que foi aprendendo que aprendemos ser possível ensinar, teríamos entendido com facilidade a importância das experiências informais nas ruas, nas praças, no trabalho, nas salas de aula das escolas, nos pátios dos recreios, em que variados gestos de alunos, de pessoal administrativo, de pessoal docente se cruzam cheios de significação (FREIRE, 1996, p. 50).

Sendo assim, no contexto educação não formal, o trabalho do educador e dos oficineiros necessita de muita dedicação, criatividade e amor, pois, para que os educandos se mantenham participativos diariamente, as atividades devem ser prazerosas e dinâmicas, capazes de deixá-los envolvidos e compreendendo que aquele espaço que frequentam é de grande valia para torná-los bons cidadãos.

Ao final de todo o estudo, pode-se comprovar que o conhecimento se produz na escola, mas também nas relações sociais e é construído na relação dialógica entre todos os envolvidos no processo. No ensino de arte, o professor é o instrumento principal para as transformações, podendo efetivar-se de maneira formal ou não formal.

Exemplo

O termo "não formal" se opõe ao formal da escola e de suas leis; no entanto, com o contexto histórico-social voltando-se para a realidade da criança e do adolescente, fez-se necessário o reconhecimento das "práticas socioeducativas" que ocorrem em espaços não escolares, como práticas formalizadas, tais como: projetos sociais, atividades itinerantes em comunidades (GOHN, 1999).

Referências

BARBOSA, A. M. *Arte-educação no Brasil*. São Paulo: Perspectiva, 1978.

BARBOSA, A. M. *Inquietações e mudanças no ensino da arte*. São Paulo: Cortez, 2008.

BRASIL. *Constituição da República Federativa do Brasil de 1988*. Presidência da República, 1988. Disponível em: <http://www.planalto.gov.br/ccivil_03/constituicao/constituicao.htm>. Acesso em: 18 jan. 2017.

BRASIL. Ministério da Educação. Secretaria de Educação Fundamental. *Parâmetros curriculares nacionais*: arte. Brasília: MEC, 1997b.

BRASIL. Ministério da Educação. Secretaria de Educação Fundamental. *Parâmetros curriculares nacionais*: introdução aos parâmetros curriculares nacionais. Brasília: MEC, 1997a.

CAMARGO, M. A. *Coisas velhas*: um percurso de investigação sobre cultura escolar (1928-1958). São Paulo: UNESP, 2000.

DAYRELL, J. *Múltiplos olhares sobre educação e cultura*. Belo Horizonte: UFMG, 1999.

FORQUIN, J. C. *Escola e cultura*: as bases sociais e epistemológicas do conhecimento escolar. Porto Alegre: Artes Médicas, 1993. (Série Educação: Teoria & Crítica).

FREIRE, P. *Pedagogia da autonomia*: saberes necessários à prática educativa. 8. ed. São Paulo: Paz e Terra, 1996.

GOHN, M. G. *Educação não-formal e cultura política*. São Paulo: Cortez, 1999.

LERNER, D. O ensino e o aprendizado escolar: argumentos contra uma falsa oposição. In: CASTORINA, J. *Piaget e Vygotsky*: novas contribuições para o debate. Campinas: Autores Associados, 1996.

PERRENOUD, P. *Construir as competências desde a escola*. Porto Alegre: Artmed,1999.

SAVIANI, D. *História das ideias pedagógicas no Brasil*. Campinas: Autores Associados, 2007. 473 p.

SIMSON, O. R. M.; PARK, M. B.; FERNANDES, R. S. (Org.). *Educação não-formal*: cenários da criação. Campinas, São Paulo: Editora da Unicamp/ Centro de Memória, 2001.

TURA, M. L. R. *O olhar que não quer ver*: histórias da escola. Petrópolis: Vozes, 2000.

VYGOTSKY, L. S. *Formação social da mente*. São Paulo: Martins Fontes, 1984.

A cultura e a sociedade

Objetivos de aprendizagem

Ao final deste texto, você deve apresentar os seguintes aprendizados:

- Construir o conceito de cultura.
- Analisar o conceito de sociedade.
- Relacionar cultura e sociedade.

Introdução

A cultura faz parte do íntimo dos indivíduos, pois são criadores e propagadores de cultura e a manifestam de diversas maneiras. Sendo assim, entender a cultura é fundamental para sua formação como educador e cidadão, já que a cultura permeia toda a experiência social.

A cultura traz para a sociedade um conhecimento e uma riqueza sem igual e quando bem trabalhada, pode ser organizados eventos que tragam cultura e valorização para o espaço.

Neste capítulo, você vai reconhecer o conceito de cultura, bem como analisar o conceito de sociedade. Em seguida, você vai estudar a relação entre estes dois termos.

O conceito de cultura

Definir cultura não é tarefa simples, pois ela evoca interesses multidisciplinares e ainda é estudada em diversas áreas, como sociologia, antropologia, história, entre outras. Em cada uma destas áreas, a cultura é estudada com diferentes enfoques. Segundo Cuche (2002), a palavra **cultura** tem sido utilizada em vários campos semânticos, substituindo outros termos como mentalidade, espírito, tradição e ideologia.

Em seus estudos, Williams (2007) afirma que a palavra cultura tem origem em *colore*, e este, por sua vez, originou o termo em latim *cultura*, que apresentava vários significados como habitar, cultivar, proteger e honrar com veneração. Até o século XVI, o termo cultura era utilizado para se referir a sentidos como ter cuidado com algo, por exemplo, com os animais ou mesmo com o desenvolvimento da colheita ou terra cultivada.

A partir do final do século XX, ganha destaque um sentido mais figurado de cultura; metaforicamente relacionada a desenvolvimento agrícola, a palavra passa a designar também o esforço despendido para o desenvolvimento das faculdades humanas. Assim, as obras artísticas começam a representar a cultura.

Cuche (2002) traz em seus estudos que o antropólogo britânico Edward Burnett Tylor, em 1917, escreveu a primeira definição etnológica da cultura, em 1817. Nesta definição, ele propõe que a cultura resulta do aprendizado cultural, e não da transmissão biológica. Assim, a cultura passa a ser todo o complexo que inclui conhecimentos, crenças, arte, moral, leis, costumes ou ainda qualquer capacidade adquirida pelo indivíduo, que vive em sociedade.

Entretanto, Tylor afirmava sobre o princípio do evolucionismo, para o qual haveria uma escala evolutiva de progresso cultural que as sociedades primitivas tinham que percorrer para chegar ao nível das sociedades ditas civilizadas. Franz Boas, apontado como o inventor da etnografia e precursor nos estudos de observação direta das sociedades primitivas, já em 1942 mostrava-se contrário ao evolucionismo e trouxe em suas pesquisas um conceito contemporâneo de cultura (BOAS, 2010).

Frente a tantas interpretações e usos do termo cultura, é possível adotar três concepções fundamentais, que segundo Cuche (2002) se denominam da seguinte forma:

- modos de vida de um grupo;
- obras de arte, bem como atividades intelectuais e do entretenimento;
- desenvolvimento humano.

Na primeira concepção, a cultura se mostra como interação social dos indivíduos, que constroem seus modos de pensar e sentir, bem como seus valores. Segundo Chauí (1995), é preciso atentar sobre a necessidade de abrir o conceito de cultura, vendo-a também como uma invenção coletiva de símbolos e que os indivíduos e grupos são seres culturais. A segunda concepção é dotada de uma visão mais restrita da cultura, referindo-se às obras e práticas da arte, da atividade intelectual e do entretenimento, vistas, sobretudo como atividade econômica. Esta concepção é voltada a construção de determinados sentidos e focada no alcance de um tipo de público. A terceira concepção da cultura destaca o papel que ela pode assumir como determinante do desenvolvimento social.

A partir destes estudos, as atividades culturais são realizadas com finalidade socioeducativa, a fim de estimular atitudes críticas e de propor aos indivíduos uma atuação política no espaço onde vivem, para o crescimento cognitivo de todos os indivíduos, incluindo portadores de necessidades especiais ou pessoas com problemas de saúde. As atividades culturais consistem em importante ferramenta para estimular atitudes críticas e enfrentar problemas sociais, como a violência.

Para Canclini (1987), a cultura é considerada como uma parte da socialização de classes e grupos na formação das concepções políticas e no estilo que a sociedade adota em diferentes linhas de desenvolvimento. Na atualidade, a cultura pode ser compreendida como um conceito mais amplo: todos os indivíduos passam a ser produtores de cultura, as atividades artísticas se concentram na produção cultural e a cultura se torna um instrumento para o desenvolvimento político e social, onde o campo cultural se confunde com o social.

O conceito de sociedade

Entende-se por **sociedade** a junção de indivíduos entre os quais se estabelecem alguns tipos de relações, como econômicas, políticas e culturais. Em uma sociedade, é possível observar a unidade linguística e a cultura de seus membros, sob as mesmas leis, costumes, tradições, unidos por um objetivo que possa interessar ao grupo. A ideia de sociedade está intimamente ligada às relações humanas, que existem a partir da interdependência entre todos os participantes, subsistindo tanto pelo caráter individual das funções que cada membro exerce, como pela interiorização das normas de comportamento e valores culturais em cada uma das comunidades.

Turner (2008) mantém intenso diálogo intelectual com pensadores clássicos e contemporâneos que forneceram contribuições significativas sobre a conceituação da sociedade. Os autores deixam claro que não pretenderam realizar um trabalho sobre a história da teoria social. Movimentam-se alternadamente entre contribuições contemporâneas e clássicas sobre o conceito de sociedade, evitando construir um cenário intelectual que ressalte as oposições entre determinados autores e suas concepções. Ao contrário, enfatizam que, embora autores discutidos no livro possuam matrizes teóricas divergentes, suas análises apresentam certas convergências na apreensão da sociedade moderna.

O argumento central é de que a sociedade apresenta três conceituações relevantes: sociedade como estrutura; sociedade como solidariedade e sociedade como processo criativo. Essas três concepções inicialmente formuladas no final do século XIX têm experimentado consideráveis transformações ao longo do tempo. Os autores realçam as múltiplas formas pelas quais esses três sentidos se vinculam, ora se entrelaçando, ora mantendo relações conflituosas.

Figura 1. Representação da composição da sociedade.
Fonte: Mix3r/Shutterstock.com

A concepção de sociedade como estrutura procura ressaltar os aspectos de competição, conflito, concorrência e rivalidade entre os atores sociais (ELLIOT; TURNER, 2010). Ao mesmo tempo também contempla dimensões morais e de regras de conduta que permeiam as relações sociais.

> **Saiba mais**
>
> **A sociedade e a solidariedade**
> Na perspectiva de Turner (2008), o conceito de solidariedade continua pertinente na análise sociológica. No entanto, nas sociedades contemporâneas, este conceito tem assumido maior complexidade quando comparado a períodos anteriores. Sua elaboração e sua prática hoje requerem certo grau de reflexividade emocional e uma abertura cognitiva por parte dos atores sociais. A solidariedade na sociedade contemporânea tende a fortalecer a comunicação e a interação simbólica entre os indivíduos e, ao mesmo tempo, produz múltiplos discursos.

Cultura e sociedade

A sociologia surge com dois fatos básicos: o de que o comportamento dos seres humanos revela padrões regulares e repetitivos, e o de que os seres humanos são animais sociais, e não criaturas isoladas (CHYNOI, 1975).

Quando observamos as pessoas à nossa volta tendemos mais a notar-lhes as idiossincrasias (maneira pessoal de ver, sentir e reagir; propensão) e singularidades pessoais do que as semelhanças. Charles Cooley (1969) diz:

> Não se dá o caso de que, quanto mais próxima estiver uma coisa do nosso hábito de pensamento, tanto mais claramente vemos o indivíduo? O princípio é muito semelhante ao que faz que todos [os chineses] nos sejam muito parecidos; vemos os tipos por ser tão diferente daquele que estamos acostumados a ver, mas somente quem vive dentro dele é capaz de perceber plenamente as diferenças entre os indivíduos.

Os aspectos repetidos da ação humana constituem a base de qualquer ciência social. Na tentativa de explicar as regularidades aparentes da ação humana e os fatos da vida coletiva, criaram os sociólogos dois conceitos, o de sociedade e o de cultura. A sociedade humana não pode existir sem cultura, e a cultura humana só existe dentro da sociedade.

O conceito de relação social baseia-se no fato de que o comportamento humano se orienta de inúmeras maneiras para outras pessoas. Os homens e as mulheres não somente vivem juntos e partilham de opiniões, crenças e costumes comuns, mas também interagem continuamente uns aos outros e modelam seu comportamento pelo comportamento e pelas expectativas alheias. A interação não é uma ocorrência momentânea, é um processo persistente de ação e reação. A relação social consiste em um padrão de interação humana. De um ponto de vista, portanto, a sociedade é uma rede de relações sociais.

A sociedade é o grupo dentro do qual os homens e as mulheres vivem uma vida comum, que uma organização limitada a um propósito ou a propósitos específicos. Em qualquer sociedade podem encontrar-se grupos menores dentro de grupos maiores e os indivíduos pertencem, simultaneamente, a vários grupos. Uma sociedade, portanto, pode ser analisada em função de seus grupos constituintes e suas relações recíprocas.

Toda sociedade possui um modo de vida ou uma cultura, que define modos apropriados ou necessários de pensar, agir e sentir. Em Sociologia, a cultura se refere à totalidade do que aprendem os indivíduos como membros da sociedade. Na visão de Taylor (1911), a cultura é o todo complexo que inclui conhecimento, crença, arte, moral, lei, costume e quaisquer aptidões adquiridas pelo homem como membro da sociedade (CUCHE, 2002). Para George Murdock, antropólogo americano, a cultura é, em grande parte, "ideacional": refere-se aos padrões, às crenças e às atitudes em função dos quais agem as pessoas (CUCHE, 2002).

A importância da cultura reside no fato de que ela proporciona o conhecimento e as técnicas que permitem ao homem sobreviver, física e socialmente, e dominar e controlar, na medida do possível, o mundo que o rodeia. O homem é o único animal que possui cultura; de fato, nisto reside uma das distinções cruciais entre o homem e outros animais.

Link

Acesse o link ou o código a seguir e assista à entrevista com Zygmunt Bauman, filósofo e sociólogo polonês, sobre laços humanos, redes sociais, liberdade e segurança.

https://goo.gl/Ogfu1k

Importante na definição de cultura é o fato de ela ser, ao mesmo tempo, aprendida e partilhada. O comportamento universal, embora não aprendido, ou que é peculiar ao indivíduo, não faz parte da cultura. Não só o comportamento não aprendido, como os reflexos, mas também as idiossincrasias pessoais podem, todavia, ser influenciados ou modificados pela cultura.

Exercícios

1. O antropólogo Franz Boas é apontado como o inventor da etnografia. Por que? Marque a alternativa que completa esta afirmação.
   a) Foi o pesquisador que menos influenciou o conceito contemporâneo de cultura, na antropologia americana.
   b) Foi o primeiro antropólogo a fazer pesquisas com observação direta nas sociedades, levando em consideração a formação, o trabalho de campo e a escrita.
   c) Defendeu a ideia de que a diferença fundamental entre os grupos humanos era racial, e não cultural.
   d) Buscou explicações no estudo geográfico e na reconstrução da origem e da história da comunidade.
   e) Constatou a existência de culturas singulares, e não de uma cultura universal.

2. A cultura é definida como um sistema de signos e significados criados pelos grupos sociais. Escolha a alternativa que completa esta afirmação:
   a) A linguagem é a única característica que pode ser determinada por uma cultura, que acaba por ter como função possibilitar a cooperação.
   b) Também pode ser definida como o comportamento por meio da aprendizagem cognitiva. Essa dinâmica faz da cultura uma poderosa ferramenta para a sobrevivência humana.
   c) Na cultura está parte do que somos, e está também o que regula nossa convivência e nossa comunicação o outro.
   d) A cultura pode ser vista como um complexo que inclui as crenças e a arte, porém não inclui os costumes e os hábitos.
   e) Cultura é o conjunto de ideias e de valores que se desenvolve tendo como ponto de partida a mesma mídia e a mesma notícia.

3. A sociologia apresenta vários conceitos. Um deles é a sociedade como estrutura. Marque a alternativa que explica este conceito.
   a) Este conceito procura ressaltar os aspectos de competição, conflito, concorrência e rivalidade entre os atores sociais. Ao mesmo tempo, também contempla dimensões morais e de regras de conduta.
   b) A sociedade, historicamente, surgiu como discurso da ordem social e religiosa proclamando o primado da estrutura social sobre a existência dos

indivíduos e enfatizando o poder das normas sociais.
c) As correntes liberais e socialistas foram importantes na constituição inicial do conceito da sociedade como estrutura.
d) Conceitos sociológicos, tais como autoridade e sagrado, foram incluídos na sociedade como estrutura.
e) Este conceito foi forjado pelos pensadores conservadores que tinham como alvo crítico as posturas grupais na análise da vida social.

4. Conforme Elliot e Turner, a concepção de sociedade como solidariedade também possui longa trajetória na análise sociológica e nas humanidades, pois tende a fortalecer a comunicação e a interação simbólica entre os indivíduos. Escolha a alternativa que completa a afirmação.
   a) O processo de globalização também tem desafiado esse conceito de solidariedade, uma vez que está fundamentado numa forte desintegração entre os membros.
   b) Este conceito compartilha a vida social - senso de pertencimento a uma comunidade com linguagem e cultura diferentes.
   c) A existência de tipos de arranjos sociais onde predominam unidade social, o individualismo a prevalência de um sentimento altamente emocional.
   d) Em sua fase inicial, esta formulação procurava combater intelectualmente as concepções utilitaristas, individualistas e o conceito de homo economicus, dada sua incapacidade de compreender a importância dos vínculos sociais.
   e) O processo de solidariedade também se baseou na unidade linguística, cultural e religiosa de diversas sociedades nacionais

5. Referente a "relações sociais", marque a alternativa correta:
   a) Trata-se de uma aptidão, mas que não nasce com o homem, sendo um instinto inato.
   b) Relações sociais se conceituam sendo uma forma de organização individual, estabelecendo relações entre os que a rodeiam.
   c) As relações sociais são necessárias para a vida em sociedade, porém não servem de motivação e orientação para o homem no seu processo de desenvolvimento, na sua evolução.
   d) É um novo meio de relacionar-se, de fazer amigos, de criar grupos, mas com objetivos distintos.
   e) Conceituam-se como sendo todas as interações e ligações que se estabelecem entre os seres humanos de maneira natural ou por seus interesses individuais ao longo de sua vida.

Referências

BOAS, F. *A mente do ser humano primitivo*. Petrópolis: Vozes, 2010.

CANCLINI, N. G. Políticas culturales y crisis de desarrollo: un balance latinoamericano. In: CANCLINI, N. G. (Org.). *Políticas culturales en América Latina*. México: Editorial Grijalbo, 1987. p. 13-59.

CHAUÍ, M. Cultura política e política cultural. Estudos Avançados, São Paulo, v. 9, n. 23, p. 71-84, jan./abr. 1995.

CHYNOI, E. *Sociedade*: uma introdução à sociologia. São Paulo: Cultrix, 1975

COOLEY, C. H. The theory of transportation [1894]. In: COOLEY, C. H. *Sociological theory and social research*: being selected papers of Charles Horton Cooley. New York: Kelley, 1969. p. 17-120.

CUCHE, D. *O Conceito de cultura nas ciências sociais*. 2 ed. Bauru: EDUSC, 2002.

TYLOR, E. B. (1832). In: *ENCYCLOPÆDIA Britannica*. 11. ed. New York: Encyclopædia Britannica, 1911. v. 27, p. 498.

WILLIAMS, R. *Palavras-chave*: um vocabulário de cultura e sociedade. São Paulo: Boitempo, 2007.

Leituras recomendadas

BOTELHO, I. Dimensões da cultura e políticas públicas. *São Paulo em Perspectiva*, São Paulo, v. 15, n. 2, p. 73-83, abr./jun. 2001. Disponível em: <http://www.scielo.br/pdf/spp/v15n2/8580.pdf>. Acesso em:02/04/2006.

LARAIA, R. B. *Cultura*: um conceito antropológico. 19. ed. Rio de Janeiro: Jorge Zahar, 2006.

UNIDADE 4

Processo de construção da cultura da humanidade e objeto da produção do conhecimento científico

Objetivos de aprendizagem

Ao final deste texto, você deve apresentar os seguintes aprendizados:

- Identificar o processo de construção da cultura da humanidade.
- Reconhecer o objeto da produção do conhecimento científico.
- Analisar a utilização das manifestações culturais no desenvolvimento educacional da humanidade.

Introdução

Observa-se que tanto a metodologia científica quanto a metodologia de ensino estão na dependência do objeto de estudo e sua finalidade. O objeto do conhecimento passa a ter, então, uma prioridade; no entanto, esse objeto, como também o método de ensino, vai depender do método de filosofia, ou seja, da lógica a ser utilizada na compreensão da realidade como um todo e, consequentemente, da educação. Com isso, fica esclarecido que, além da diferenciação entre a metodologia científica e a metodologia de ensino, ainda há a questão do método filosófico, isto é, da forma de conhecimento da realidade.

Neste capítulo, você vai identificar o processo de construção da cultura da humanidade, reconhecer o objeto da produção do conhecimento científico, analisando a utilização das manifestações culturais no desenvolvimento educacional da humanidade.

Processo de construção da cultura da humanidade

Desde os primórdios da história, o homem e a mulher se confrontam com a necessidade de conhecer, a fim de explicar os fatos e fenômenos, dominar a natureza ou facilitar sua existência. A humanidade construiu conhecimentos a partir dos desafios necessários à sua sobrevivência. O conhecimento surgiu e foi acumulado em decorrência das experiências vividas (FREIRE, 1984).

A dimensão histórica e social do tempo permite a compreensão da história como produção do ser humano, na dinâmica das relações sociais e de diferentes conjunturas, em épocas diferentes. Trabalhar a noção de tempo nessa dimensão possibilita analisar o contexto de diferentes épocas e localizar, no tempo, o modelo de sociedade no qual está inserido; permite ao indivíduo o esclarecimento da sociedade atual como uma evolução histórica de um processo político, social, cultural e econômico que se originou no passado e que continua a ser construído no seu dia a dia, por meio da ação dos sujeitos na história.

De acordo com Freire (1999), o homem cria a cultura na medida em que, integrando-se nas condições de seu contexto de vida, reflete sobre ela e dá respostas aos desafios que encontra pelo caminho. A construção da Cultura é todo resultado da atividade humana, do esforço criador e recriador do homem e da mulher, de seu trabalho por transformar e estabelecer relações de diálogo com outros homens e mulheres.

Nessa expectativa, cultura é tudo que resulta da criação humana, o sujeito cria, transforma e é afetado por essas transformações. O sujeito, ao produzir cultura, produz-se a si mesmo, ou seja, ele se autoproduz. Logo, não há cultura sem o sujeito, como não há sujeito sem cultura. A cultura, pois, não somente envolve o sujeito, mas penetra-o, modelando sua identidade, personalidade, maneira de ver, pensar e sentir o mundo.

Para Brandão (2002), a cultura existe nas diversas maneiras por meio das quais criamos e recriamos os tecidos sociais de símbolos e de significados que atribuímos a nós próprios, às nossas vidas e aos nossos mundos. Criamos os mundos sociais em que vivemos e só sabemos viver nos mundos sociais que criamos ou onde reaprendemos a viver, para sabermos criarmos com os outros os seus outros mundos sociais – e isso é a cultura que criamos para viver e conviver.

A cultura não é, pois, algo que existe fora do sujeito; ela faz parte do seu íntimo. Se somos o que somos é porque temos contato com outros seres humanos, dentro de uma realidade específica que se torna nossa verdade, mas que se desenvolve apenas na interação entre os indivíduos. O ser humano não nasce "ser social", ele se torna um "ser social" em contato com outras pessoas (DALLARI, 1984).

O grande desafio da escola, hoje, é contribuir para a formação de cidadãos críticos, conscientes e atuantes (TRINDADE, 2000). Trata-se de uma tarefa complexa que exige da escola um movimento que ultrapasse temas, conteúdos e programas. Nessa realização, percebemos o verdadeiro sentido da palavra cidadania.

> **Saiba mais**
>
> Skinner (1980) afirma que o indivíduo não é uma origem ou uma fonte. Ele não inicia nada. E nem é ele que sobrevive. O que é a espécie é a cultura. Ela está "além do indivíduo" no sentido de ser responsável por ele e de sobreviver a ele.

O objeto da produção do conhecimento científico

No mundo contemporâneo, globalizado e industrializado, a ciência é a principal legitimadora dos discursos empregados, seja por autoridades ou por pessoas comuns (BACHELARD, 1978a, 1978b). Políticas públicas, medidas político-econômicas, tratamentos de saúde e uma série de acontecimentos da nossa vida cotidiana trazem consigo o aval da ciência; o que não for cientificamente comprovado simplesmente não possui crédito. Nem sempre foi assim: até meados do século XVIII, o principal discurso legitimador era o da Igreja, com sua doutrina da fé em Deus como superior à razão. Com o desenvolvimento da ciência e do método científico ao longo dos séculos, que culminou na Revolução Industrial, iniciou-se, no século XVIII, o processo de secularização, quando a ciência definitivamente destrona a religião do seu posto de guia da conduta humana. A fé em Deus foi substituída pela fé na razão; o iluminismo se difundiu pela Europa, bem como as revoluções industriais e políticas (ARANHA, 1993).

Gaston Bachelard (1884-1962), que cumpriu o papel de restabelecer a importância da metafísica na filosofia da ciência, afirmava que a ciência cria uma filosofia, portanto, uma metafísica, uma forma de conceber o mundo. Quanto à ciência, tinha a ideia de que ela era razão confirmada, do que podemos constatar a importância que Bachelard confere à reflexão filosófica na elaboração do conhecimento científico.

Para o filósofo francês, existem duas correntes metafísicas principais pertinentes ao conhecimento científico: o racionalismo e o realismo. Para a primeira, o conhecimento científico clama por explicar a realidade; para a segunda corrente, o conhecimento científico é uma projeção da razão sobre a realidade, moldando-a e dando ao real científico um caráter de construção que surge na interação entre a/o cientista e a realidade concreta (BACHELARD, 1991).

Bachelard fundamenta sua teoria nas grandes mudanças paradigmáticas que ocorreram na ciência, desde a descoberta da geometria não euclidiana ao destronamento da cosmovisão newtoniana, substituída pelo universo relativista de Newton. Essas mudanças atestam que a própria realidade se transforma conforme o refinamento da razão e da metodologia científica que, segundo Bachelard (1978a, 1978b), tem papel ativo na construção do conhecimento.

Para a epistemologia, o conhecimento é a relação entre sujeito e objeto. Sujeito é aquele que tem a capacidade de conhecer; sem o conhecimento, não existe sujeito. O sujeito só se constitui sujeito quando ele conhece. Se alguém nunca entrou em contato com uma determinada realidade, essa pessoa não é sujeito (GUEDES, 2007).

Da mesma forma, a realidade só se torna objeto quando entra em relação com o sujeito. Do contrário, tal realidade é apenas um ser. O ser é tudo que existe, não importa a forma de existir. O pensamento, a letra, o número, o amor, a saudade, a paixão, a doença, um contrato, uma planta, um animal, o homem são seres (GUEDES, 2007).

No momento em que o ser se relaciona com o sujeito, torna-se objeto. O ser, quando se torna objeto, adquire determinadas participações do sujeito que o transforma. Por causa dessas mudanças que o ser sofre quando se torna objeto, alguns autores resolveram, para fins didáticos, classificar o objeto em quatro tipos: real, percebido, ideal e construído.

O objeto construído é o objeto próprio da Ciência, é elaborado com uma consistência lógica e metodológica que permite maior confiabilidade no conhecimento obtido, é tratado com a máxima objetividade possível, e a participação do sujeito é monitorada pelos procedimentos metodológicos (GUEDES, 2007).

A relação do sujeito com o objeto é sempre uma relação subjetiva e objetiva ao mesmo tempo, mas não podemos imaginar que, pelo fato de o sujeito ter um papel ativo no processo do conhecimento, o objeto venha a ser qualquer coisa que o sujeito queira que ele seja.

Por esse motivo, para evitar excesso de subjetivismos e para que se possa produzir o conhecimento com determinados parâmetros de aceitação, a partir do século XVII, começou a ser sistematizado o conhecimento científico moderno, cuja função é a construção do objeto por meio de métodos e procedimentos rigorosos.

Os fenômenos não se apresentam na sua totalidade para a simples percepção; faz-se necessário o domínio de um prisma através do qual se possa compreendê-los. Esse prisma, como um modo de olhar a realidade, permite sempre novas explicações. Aos cientistas cabe, de posse dos objetos ideais e dos amplificadores perceptivos, diminuir as influências das percepções imediatas do objeto (objeto percebido) para elaborar teorias mais confiáveis e consistentes acerca do real (objeto construído), visando a um relacionamento mais adequado com o objeto real.

Exemplo

O que é científico
Uma mãe olha para o filho, percebe que ele está doente, mas não enxerga a causa do padecimento dele. Ela leva o filho ao médico, que, de posse de um instrumento teórico confiável (objeto construído), diz o que a criança tem e o que necessita ser feito. Os fenômenos não se apresentam na sua totalidade para a simples percepção. Faz-se necessário o domínio de um prisma através do qual se possa compreendê-los. Esse prisma é a teoria científica.

Manifestações culturais no desenvolvimento educacional da humanidade

A cultura é histórica; pensar em cultura é pensar em conhecimento, significado e formas de interpretar o mundo e nosso cotidiano. A construção de uma cultura é baseada no que fomos agregando ao longo da história para transformar e transmitir nosso pensamento, nossas formas de ser e sentir. Conhecer, aprender, ver as diferenças, como somos e como nos relacionamos é se apropriar do conhecimento.

Para entender o conhecimento, tem-se que refletir sobre os inúmeros fatores pelos quais somos influenciados, tais como: o que assistimos na TV, o que temos como hábito de leitura, de saberes adquiridos, de técnicas corporais incorporadas, entre outros.

As manifestações culturais se apresentam de diversas formas. De uma forma clara e objetiva, a cultura pode se manifestar de diferentes maneiras, ela é complexa e dinâmica e pode ser compreendida de acordo com a origem de quem a produz. Podemos conhecê-la como, conforme Coelho (1986):

- Cultura erudita: é produto da leitura, do estudo e da pesquisa. É a cultura aprendida nos ambientes formais de educação. Para que se produza cultura erudita, é necessário que se tenha vasto conhecimento sobre um determinado assunto.
- Cultura de massa: é a cultura produzida e /ou transmitida pelos meios de comunicação a um grande número de pessoas, por meio de intermédios impressos ou eletrônicos, como jornais, revistas, televisão e internet.
- Cultura popular: pode ser compreendida como a soma dos valores tradicionais de um povo, expressos em forma artística, como danças, ou em crendices e costumes gerais. A cultura popular é coletiva, marcada pelo anonimato.

O conceito de cultura é amplo, de maneira que é interessante estabelecer conhecimento entre os conceitos de cultura erudita, de massa e popular. Essa diferenciação tem objetivos apenas didáticos, até mesmo porque existem articulações e relações entre os "tipos culturais", e estabelecemos contato com elas o tempo todo, pois são mutáveis e dinâmicas, ou seja, as manifestações acompanham as sociedades onde se expressam, transformando-se, permanecendo ou adaptando-se a cada realidade.

Outro aspecto importante a destacar é que convivemos com as diferentes manifestações culturais, pois a cultura é variável no tempo e vai transformando-se na vivência e no processo de comunicação e transmissão de sua existência. Elementos como modo de agir, vestir, caminhar, comer se alteram diante das novas necessidades constituídas entre as gerações, localizadas em um tempo e espaço de vivência, produzindo bem-estar para alguns e, para outros, uma metamorfose imposta e, portanto, de grande violência simbólica.

Fique atento

A cultura está presente no ambiente escolar, pois também faz parte do processo de ensino-aprendizagem; ela nutre, socializa e fornece ideias para um aprendizado mais eficiente, como afirma Vygotsky (1984). A cultura cria formas especiais de comportamento, muda o funcionamento da mente, constrói andares novos no sistema de desenvolvimento do comportamento humano.

Ribeiro (1987) insiste na ideia de que, embora a cultura seja um produto da ação humana, ela é regulada pelas instituições de modo que se lapida a ideia a ser manifestada segundo os interesses ou valores de crenças de determinado grupo social. A cultura, para Ribeiro (1987), também é uma herança que se resume a um conjunto de saberes que são passados a partir das gerações, saberes manifestados e experimentados pelo ancestral.

Quando se trata de cultura e educação, podemos dizer que são esses fenômenos intrinsecamente ligados, a cultura e a educação, que, juntos, tornam-se elementos socializadores, capazes de modificar a forma de pensar dos educandos e dos educadores; quando adotamos a cultura como uma aliada no processo de ensino-aprendizagem, estamos permitindo que cada indivíduo que frequenta o ambiente escolar se sinta participante do processo educacional, pois ele nota que seu modo de ser e vestir não é mais visto como "antiético" ou "imoral", mas sim como uma forma de ele socializar com os demais colegas. Alguns autores defendem a ideia de que a educação não pode sobreviver sem a cultura e nem a cultura sem a educação. Candau (2003, p. 160) afirma que: "A escola é, sem dúvida, uma instituição cultural [...]".

Link

Acesse o link e conheça as ideias de Zygmunt Bauman e Carlo Bordoni sobre a crise mundial.

https://goo.gl/Mfyo45

Exercícios

1. A humanidade construiu conhecimentos a partir dos desafios necessários à sua sobrevivência. Escolha a alternativa que mais combina com essa afirmação.

a) Ao longo da história, os seres humanos foram adquirindo habilidades e conhecimentos – métodos e processos – para produzir uma infinidade de coisas e realizar uma grande variedade de atividades.

b) Também as técnicas, num sentido amplo, são o conjunto de didáticas aplicadas a uma determinada atividade, seja com racionais ou irracionais.

c) O homem não consegue

sobreviver e desenvolver atividades nos mais variados recantos da Terra.
d) Para se adaptar a lugares diferentes, os seres humanos precisam desenvolver competências para a produção de bens materiais e para a realização de atividades.
e) Tudo o que as pessoas produzem para a satisfação de suas necessidades é considerado um bem imaterial.

2. De acordo com Freire (1999), o homem cria a cultura na medida que vai integrando-se ao meio. Marque a alternativa que vem ao encontro da afirmação:
a) A cultura é criada na medida que, integrando-se às condições de seu contexto de vida, reflete sobre ela e dá respostas aos desafios que encontra.
b) Cultura, aqui, é todo resultado da atividade humana irracional, do esforço criador e recriador do homem, de seu trabalho por transformar e estabelecer relações dialogais com outros homens.
c) Nessa expectativa, cultura é tudo que resulta da criação humana; o homem cria, transforma, mas não é afetado por essas transformações.
d) Assim, o homem, ao produzir cultura, produz-se a si mesmo, mas, mesmo assim, não se autoproduz.
e) Logo, não há cultura sem o homem, como não há homem sem cultura. A cultura, pois, somente envolve o homem, mas não o modela.

3. Para o filósofo francês Bachelard, existem duas correntes metafísicas principais pertinentes ao conhecimento científico. Uma delas é o racionalismo. Marque a alternativa que traz o conceito dessa corrente.
a) Não há investigação com interferência de obstáculos, que não são propriamente as dificuldades da complexidade do objeto que se está investigando.
b) A necessidade de mostrar a existência de uma filosofia noturna (filosofia espontânea dos cientistas, em linguagem de Louis Althousser), encontrar a ação dos valores inconscientes.
c) O racionalismo mostra que o próprio ato de conhecer está cheio de impurezas, de imensos segredos que escapam ao controle do cientista, provocando riscos.
d) É o efeito de ruptura pelo qual se inicia um novo campo científico, ultrapassando o campo ideológico. É o fim do processo de aparecimento de uma nova disciplina científica.
e) Surgiu historicamente a favor do senso comum ou a favor da filosofia, como são os casos da filosofia aristotélica no que diz respeito à física.

4. Como afirma Vygotsky, a cultura está presente no ambiente escolar. Assim, marque a alternativa que completa essa afirmação:
a) Nesse contexto, pode-se constatar que não existem opiniões diversas a respeito da incorporação da cultura no processo de aprendizagem.
b) A escola é defendida como uma entidade socializadora,

que deve incorporar as diversas culturas, a fim de que haja um ambiente sociável onde todos possam manifestar seus ideais e não serem discriminados.

c) A cultura é um componente inativo na vida do ser humano e se manifesta nos atos mais específicos da conduta do indivíduo – e não há indivíduo que não possua cultura, pelo contrário, cada um é criador e propagador de cultura.

d) A relação entre escola e cultura é concebida como entre dois polos independentes, mas como universos entrelaçados, como uma teia tecida no cotidiano e com fios e nós profundamente articulados.

e) Embora a escola não seja palco da multiculturalidade, ela vem encontrando várias dificuldades em interagir suas práticas educativas mais comuns com a diversidade cultural vivenciada pelos alunos.

5. A cultura e a educação, juntas, tornam-se elementos socializadores. Marque a alternativa que vem ao encontro dessa afirmação.

a) Embora a cultura seja um produto da ação humana, ela é regulada pelas instituições religiosas, de modo que se lapida a ideia a ser manifestada segundo os interesses ou valores de crenças.

b) São capazes de modificar a forma de pensar dos educandos e dos educadores; quando adotamos a cultura como uma aliada no processo de ensino-aprendizagem, estamos permitindo que cada indivíduo que frequenta o ambiente escolar se sinta participante.

c) A educação não pode sobreviver sem a cultura, mas a cultura pode sobreviver sem a educação.

d) As relações entre escola e cultura podem ser concebidas como entre dois polos independentes, mas não como universos entrelaçados.

e) A escola, além de ser uma instituição educacional, também é uma instituição sem cultura específica e, dentro dela, está inserido um grupo social.

Referências

ARANHA, M. L. A. *Filosofando*: introdução à filosofia. São Paulo: Moderna, 1993.

BACHELARD, G. *A formação do espírito científico*: contribuição para uma psicanálise do conhecimento. Rio de Janeiro: Contraponto, 1978a.

BACHELARD, G. *O novo espírito científico*. Biblioteca de Textos Universitários, vol. 69. Queluz de Baixo: Editorial Presença, 1991.

BRANDÃO, C. R. *Aprender o amor*: sobre um afeto que se aprende a viver. Campinas: Papirus, 2002.

CANDAU, V. M. (Org.). *Cultura(s) e educação*: entre o crítico e o pós-crítico. Rio de Janeiro: DP&A, 2003.

COELHO, T. *Usos da cultura*: políticas de ação cultural. Rio de Janeiro: Paz e Terra, 1986.

DALLARI, D. A. *O que é participação política*. 5. ed. São Paulo: Abril Cultural, 1984.

FREIRE, P. *Pedagogia da autonomia*: saberes necessários à prática educativa. São Paulo: Paz e Terra, 1999.

FREIRE, P. *Ação cultural para liberdade*. Rio de Janeiro: Paz e Terra, 1984.

GUEDES, E. M. *Curso de metodologia científica*. [S.l.]: HD Livros, 2007.

RIBEIRO, D. *Os Brasileiros*. Teoria do Brasil. 9. ed. Petrópolis: Editora Vozes, 1987.

SKINNER, B. F. Behaviorism and logical positivism de Laurence Smith. In: SKINNER, B. F. *Questões recentes na análise comportamental*. Campinas: Papirus, 1980.

TRINDADE, H.(Org.). *Universidade em ruínas na república dos professores*. 2. ed. Petrópolis: Vozes, 2000.

VYGOTSKY, L. S. *Formação social da mente*. São Paulo: Martins Fontes, 1984.

Leitura recomendada

ORTIZ, R. *Cultura brasileira e identidade nacional*. São Paulo: Brasiliense, 1985.

Parâmetros Curriculares Nacionais (PCNs): diversidade cultural

Objetivos de aprendizagem

Ao final deste texto, você deve apresentar os seguintes aprendizados:

- Analisar os parâmetros curriculares da diversidade cultural.
- Reconhecer práticas escolares sobre a diversidade cultural.
- Conhecer projetos envolvendo a diversidade cultural.

Introdução

Os Parâmetros Curriculares Nacionais (PCNs) se constituem como um referencial de qualidade para a educação, com a função de orientar e garantir a coerência dos investimentos na educação e subsidiar os educadores para a realização de sua prática pedagógica. Os PCNs também oportunizam a reflexão e a discussão no que diz respeito aos temas transversais da pluralidade cultural. Dessa forma, o professor oferece aos alunos oportunidades de conhecimento de suas origens como brasileiros e como participantes de grupos culturais específicos.

Neste capítulo, você vai aprofundar a análise sobre os Parâmetros Curriculares da Diversidade Cultural, reconhecendo as práticas e conhecendo projetos desenvolvidos no espaço escolar.

Os parâmetros curriculares da diversidade cultural

Vivemos, nos dias atuais, uma explosão discursiva em torno da chamada pluralidade cultural. Conceitos a ela relacionados, como cultura e identidade, tornaram-se palavras de ordem em diferentes áreas de conhecimento acadêmico, estendendo-se, igualmente, para a esfera política e o campo pedagógico.

Desse modo, é necessário que o cidadão esteja apto para agir e posicionar-se de maneira crítica, perante as situações que fazem parte do seu cotidiano. É na escola que o sujeito pode melhorar sua visão acerca das problemáticas como, por exemplo, a homofobia, a xenofobia e a sexualidade. Pensando no modo como o sujeito pode ver e sentir o mundo e colaborar para a formação de valores e padrões de conduta, introduziu-se nos PCNs um conjunto de **temas transversais**, que buscam "[...] uma prática educacional voltada para a compreensão da realidade social e dos direitos e responsabilidades em relação à vida pessoal e coletiva e a afirmação do princípio da participação política [...]" (BRASIL, 1998, p. 17).

Peres (2000) alerta para o fato de que apesar de se falar em educação voltada para os valores, para os direitos humanos, igualdade de oportunidades, tolerância e convivência para paz, educação inter/multicultural, educação ambiental e antirracista, o que vemos são manifestações de intolerância, marginalização, preconceito, racismo e xenofobia.

Levando em consideração questões atuais que, na maioria das vezes, são motivos de atos preconceituosos, o Ministério da Educação e Desporto acrescentou os temas transversais nos PCNs. Entre os temas, encontra-se a **Pluralidade Cultural**, viabilizando ao professor e à comunidade escolar trabalhar em prol de uma educação que colabore na formação de um cidadão participativo, reflexivo, conhecedor de seus direitos e deveres.

Em razão de tais questões, cabe à escola o importante papel de colaborar para que questões relacionadas à ética, à saúde, à orientação sexual e à pluralidade cultural não passem despercebidas, mas que sejam consideradas no universo escolar. É imprescindível que a comunidade escolar perceba o quanto a pluralidade cultural é rica, o quanto os aspectos relacionados à diversidade colaboram para a formação de um cidadão conhecedor de suas raízes, que reivindique seus direitos e cumpra seus deveres, que desenvolva princípios e valores morais próprios de um cidadão. A proposta dos temas transversais, quando adequadamente entendida, interpretada e aplicada, é relevante pelo fato de potencializar a reflexão e a crítica sobre os problemas que emergem das contradições derivadas das múltiplas matrizes culturais.

Atualmente, o papel da escola vai além de transmitir apenas conteúdos de Matemática, Português, Ciências, História e Geografia. A escola é uma das grandes responsáveis pela formação do cidadão, preparando o educando para interagir na sociedade, de maneira ética e responsável. Nesta perspectiva, Cordiolli (2006) afirma que a forma como se apresenta a dificuldade dos professores em lidar com a transversalidade é sutil, em "acordos tácitos" dos seguintes tipos: os temas de ética e da multiculturalidade pertenceriam ao campo da Geografia e da História, já os temas de saúde e orientação sexual ao campo das Ciências Naturais.

Para Yus (1998), os temas transversais são importantes para ter um novo conceito de escola, permitindo uma educação voltada para a realidade dos alunos, tornando o aprendizado mais significativo. Isso possibilita preparar o aluno para viver e agir como um "cidadão" crítico e consciente, capaz de compreender a natureza da ação humana no mundo. Os temas transversais necessitam ser trabalhados de forma contextualizada, fazendo parte do dia a dia do professor na sala de aula, tornando as aulas mais próximas da realidade do aluno. É notório que o ensino na atualidade, ainda, carrega fortes traços de um modelo de ensino "tradicional", em que o professor transmite e o aluno absorve/recebe passivamente o conhecimento. Na maioria das vezes, o professor desconsidera o conhecimento, as experiências e os sentimentos dos alunos, o que acarreta prejuízo aos educandos que, ao não analisarem a sua realidade e o seu contexto, não vislumbram possibilidades de transformar as relações sociais.

Nesse sentido, Almeida (2006) diz que a prioridade dada aos conteúdos conceituais e à rigidez de planejamento impede que as escolas estejam mais atentas e comprometidas pedagogicamente com a abordagem dos temas transversais. É imprescindível que os temas transversais, incluídos ao currículo escolar, tenham o objetivo de colaborar com a formação social dos educandos, haja vista que quando abordados adequadamente, podem tornar as relações sociais mais respeitosas e harmoniosas, possibilitando ao aluno aprender com a realidade social que o cerca.

Práticas escolares sobre a diversidade cultural

A escola hoje apresenta inúmeros desafios. Um deles é contribuir para a formação de educandos e cidadãos, pessoas críticas, conscientes e atuantes na sociedade. É uma tarefa bastante complexa que exige do espaço escolar um movimento que vá além de temas, conteúdos e programas.

Conforme Trindade (2008) aponta, a questão a ser refletida é a importância de se entender a relação da cultura com a educação. De um lado está a educação e do outro a ideia de cultura como lugar, resultando na fonte de que se nutre o processo educacional para a formação de indivíduos, a fim de formar consciência. Nesta perspectiva, a abordagem do termo diversidade cultural é atual no momento em que a escola desenvolve um ensino que procura atender a comunidade onde está inserida.

Segundo Soares (2003), a escola precisa fomentar as diferenças e dar significados para oportunizar e produzir saberes em diferentes níveis de aprendizagem, porque as diferenças fazem parte do processo social e cultural de cada educando e não servem para explicar que homens e mulheres, negros e brancos, distinguem-se entre si. Antes de tudo, é preciso compreender que, ao longo do processo histórico, as diferenças foram produzidas e usadas socialmente como critérios de classificação, seleção, inclusão e exclusão.

Sendo assim, a escola deve oportunizar a apropriação do conhecimento científico e da cultura em geral, não perdendo de vista o aspecto fundamental, que é a noção de que o conhecimento não se constrói com uma série de informações, mas sim por meio de saberes. Nessa perspectiva, se abre um vasto campo de possibilidades, pois "o saber do povo" designa muitas formas de conhecimentos. Segundo Freire e Guimarães (1982), o processo educativo é organizado na relação entre currículo, conhecimento e cultura.

Fique atento

De acordo com Brandão (2002), nenhum indivíduo escapa da educação. Estando em casa, na rua ou na escola, todos são envolvidos com fragmentos de vida e educação, para saber, para fazer, para ser ou para conviver. Diariamente, misturam-se a vida e a educação.

Segundo Lerner (2007, p. 9-10):

> É indispensável instrumentalizar didaticamente a escola para trabalhar com a diversidade. Nem a diversidade negada, nem a diversidade isolada, nem a diversidade simplesmente tolerada. Também não se trata da diversidade assumida como um mal necessário ou celebrada como um bem em si mesmo, sem assumir seu próprio dramatismo. Transformar a diversidade conhecida e reconhecida em uma vantagem pedagógica: este me parece ser o grande desafio do futuro.

O currículo deve-se voltar para a formação de cidadãos críticos comprometidos com a valorização da diversidade cultural, da cidadania e aptos a se inserirem em um mundo global e plural. Segundo Lopes (1987), é possível trabalhar o currículo na visão multicultural, formando identidades abertas à pluralidade cultural, sem preconceitos, com foco em uma educação para a cidadania, para a paz e para a crítica as desigualdades sociais e culturais.

Projetos envolvendo a diversidade cultural

Segundo Vygotsky, todo o conhecimento é construído através das relações sociais, no âmbito das relações humanas (OLIVEIRA, 2002). A sua teoria tem por base o desenvolvimento do indivíduo como resultado de um processo sócio-histórico, enfatizando o papel da linguagem e da aprendizagem nesse desenvolvimento, sendo essa teoria considerada histórico-social. Este processo realiza-se na relação com outro, nas trocas em que o professor aperfeiçoa sua prática e, ao mesmo tempo, constrói, consolida, fortalece e enriquece seu aprendizado. Neste sentido, Nóvoa (1997) afirma que a troca de experiências, no momento da partilha de saberes, consolida espaços de formação, onde professor é chamado a desempenhar, simultaneamente, o papel de formador e de formando. Assim, o papel do professor é de fundamental importância.

Atualmente, muitas transformações vêm ocorrendo na sociedade. A concepção de escola e sua função social precisam ser revistas e repensadas, uma vez que a educação autoritária, compartimentada, com currículo fragmentado e distante das transformações sociais e das vidas dos educandos está perdendo seu significado. Não há mais espaço para essa escola em que o sujeito não tem autonomia e participação na construção de seus saberes.

Conforme Dewey (1897), a educação é um processo de vida e não uma mera preparação para a vida que está por vir, e a escola deve representar a vida presente - tão real e vital para o aluno como o que ele vive em casa. Ou seja, além das preocupações em formar o aluno para ser capaz de ler, escrever, interpretar, realizar operações matemáticas, ter conhecimentos sobre as várias áreas do saber e preparando-o para se inserir na vida profissional, a escola deve também se ocupar da formação de valores morais e éticos que são inerentes aos humanos, como a autonomia, a solidariedade, a coletividade, o respeito ao próximo, a autoestima positiva, para assim se tornarem indivíduos completos.

Nesse sentido, o trabalho por projetos contribui de forma significativa para a educação e vai ao encontro com as exigências da sociedade moderna, pois o trabalho por projetos envolve um processo de construção, participação, cooperação, noções de valor humano, solidariedade, respeito mútuo, tolerância e formação da cidadania tão necessária à sociedade emergente (LUCK, 2003).

Um bom exemplo de como os projetos podem ser úteis para repensar o currículo e a cultura é o caso de uma escola pública de periferia que realizou o projeto que chamaremos aqui de "Projeto Viva a Diversidade", que se dedicou a trabalhar com a cultura afrodescendente. Durante o desenvolvimento do trabalho, houve uma análise de diversos autores que escrevem sobre a dança e a cultura afro-brasileira. Desse modo, foi possível realizar, por meio de aula expositiva e dialogada, um encaminhamento de pesquisas, além de um levantamento das informações encontradas, produções de texto, entrevistas com funcionários da escola e da comunidade sobre o tema em questão. Também foram desenvolvidas outras atividades: exposição de trabalhos para os demais alunos e professores da escola e da comunidade, apresentação de comidas típicas, confecção de livro ilustrando a história do Zumbi dos Palmares e confecção de máscaras e esculturas de diversas tribos africanas (de acordo com os significados que lhes são atribuídos). Com esse projeto, foi possível observar as obras de artistas que foram influenciados pela cultura africana, como Pablo Picasso. Discutiram-se estilos de dança outras manifestações culturais, como o filme "Kiriku e a feiticeira".

Link

O filme "Kiriku e a feiticeira" é um longa-metragem de animação franco-belga (1998), dirigido por Michel Ocelot. O diretor do filme passou parte da infância na Guiné, onde conheceu a lenda de Kiriku. O filme retrata a lenda africana de um recém-nascido superdotado: ele sabe falar, andar e correr muito rápido e acaba se incumbindo de salvar a sua aldeia de Karabá, uma feiticeira terrível. Assista ao filme no link ou código a seguir.
https://goo.gl/UwJHmK

Outro projeto sobre diversidade cultural para educação infantil foi desenvolvido de uma forma um pouco diferente. Na escola infantil, o projeto foi construído a fim de explorar a diversidade cultural existente no Brasil, proporcionando às crianças o contato com outras culturas e, consequentemente, com o novo, fomentando o desenvolvimento do respeito ao diferente e reforçando a autoestima e identidade de cada um.

A educadora estruturou objetivos, de acordo com o foco do projeto:

- Pesquisar diferentes culturas da comunidade em que a escola está inserida.
- Trabalhar a relação entre família e escola;
- Trabalhar a autoestima nos alunos para que estes possam relacionar-se com o outro;
- Desenvolver uma imagem de si, atuando de forma mais independente, com mais confiança em suas capacidades e percepção de seus limites;
- Estabelecer vínculos afetivos e de troca com adultos e seus pares, a fim de fortalecer sua autoestima;
- Desenvolver o hábito de ouvir;
- Trabalhar a oralidade.

Fique atento

Os alunos têm diferentes origens e histórias de vida, portanto, não podemos negar essas diferenças que os tornam seres humanos concretos, sujeitos sociais e históricos (GUSMÃO, 2000). Tratar as crianças com igualdade é saber respeitar as suas diferenças.

Assim, é na escola que as crianças se tornam conscientes das diferenças religiosas, raciais e de classes sociais. Nenhuma criança herda os preconceitos dos pais por intermédio da genética: na verdade, eles são aprendidos. As atitudes (conscientes ou inconscientes) dos pais são, no mínimo, um começo no desenvolvimento dos preconceitos das crianças. Os pais manifestam suas próprias atitudes para com os grupos, controlando as relações sociais dos filhos por meio de restrições ou encorajamento dados à formação de amizades.

O preconceito sujeita a criança a certas barreiras contra a sua aceitação social. Isso se reflete no conceito que a criança vai criando sobre si, tornando-a um sujeito com baixa autoestima. O preconceito penetra na percepção e na vida das crianças afetando seu desenvolvimento, podendo ter impacto nas relações sociais. A tarefa da escola, no combate aos preconceitos, não é fácil. Muitas vezes no ambiente escolar, as atitudes de professores e administradores reforçam os preconceitos que as crianças aprendem em casa e na comunidade. O convívio com o racismo, o preconceito e a discriminação racial no cotidiano escolar consolida danos, muitas vezes irreparáveis, para todas as crianças, sejam elas negras ou brancas, enfim, para toda a sociedade.

Exercícios

1. Os PCNs, publicados em 1996, têm como objetivo:
   a) Orientar quanto ao cotidiano escolar, apresentando os principais conteúdos que devem ser trabalhados, a fim de dar subsídios aos educadores, para que suas práticas pedagógicas sejam de qualidade.
   b) Definir que os currículos e conteúdos possam ser trabalhados apenas como transmissão de conhecimentos.
   c) Servir como ponto de partida apenas para o trabalho do educando, norteando as atividades realizadas na sala de aula.
   d) Servir de referência para o Ensino Fundamental de todos os países
   e) Servir de apoio ao planejamento de aulas, porém não envolve o desenvolvimento do currículo da escola.

2. A escola atualmente apresenta vários desafios. Marque a alternativa que apresenta um destes desafios.
   a) Preparar os educandos para a vida e para toda a vida; isso requer que o educador tenha o conhecimento da realidade, porém não precisando enfrentar os problemas sociais da comunidade.
   b) Ser uma referência positiva na vida do educando, pois a geração atual não busca líderes que lhes mostrem o caminho certo.
   c) Tirar o aluno da passividade, indo ao encontro da metodologia enraizada na sociedade, que prioriza a repetição e a memorização como pontos centrais.
   d) Estruturar uma equipe de alto desempenho, mas não necessitando unidade entre as pessoas, muito menos comunicação e motivação.
   e) Incorporar as novas tecnologias de forma equilibrada e inovadora na sala de aula, mas sem precisar um amplo conhecimento, apenas do que está disponível no mercado.

3. O currículo deve se voltar para a formação de cidadãos críticos comprometidos com a valorização da diversidade cultural. Marque a alternativa que completa esta afirmação:
   a) O currículo é uma construção social, mas não se apresenta vinculado a um momento histórico, nem à determinada sociedade e às relações com o conhecimento.
   b) O currículo, na visão multicultural, deve trabalhar em consonância com a formação das identidades abertas à pluralidade cultural, desafiando preconceitos em uma perspectiva de educação para cidadania.
   c) O currículo é imparcial e reflete uma concepção de mundo, de sociedade e de educação.
   d) O currículo é também é um instrumento político que se vincula à ideologia, à estrutura social, porém não está ligado à cultura e ao poder.
   e) A prática do currículo é geralmente focada na vida dos alunos, estando associada às mensagens de natureza afetiva. Porém, descarta as atitudes e valores.

4. Vygotsky sustenta que todo conhecimento é construído socialmente, no âmbito das relações humanas (OLIVEIRA, 2002). Marque a alternativa que está de acordo com essa afirmação:
   a) Apesar de as palavras-chave da educação atual serem mediação, interação, função social, e construção, ainda é um processo distante do ideal dialógico.
   b) O conhecimento surge como algo que se constrói, mas não é dinâmico, nem interativo e tampouco leva ao crescimento educacional.
   c) O conhecimento nem sempre propicia uma boa aprendizagem, mas não supera a falta de motivação dos alunos no processo educativo.
   d) A troca de experiências e a partilha de saberes consolidam espaços de formação mútua. Porém, cada professor é chamado a desempenhar, prioritariamente o papel de formando
   e) Um projeto gera situações problemáticas, ao mesmo tempo, reais e diversificadas. Possibilita, assim, que os educandos, ao decidirem, opinarem, debaterem, construam sua autonomia e seu compromisso com o social.

5. É na escola que as crianças se tornam conscientes das diferenças religiosas, raciais e de classes sociais. Portanto o papel da escola e do educador é de suma importância. Marque a alternativa que completa esta afirmação.
   a) A escola não deve difundir ideias e conceitos que fortaleçam o preconceito e a discriminação, salvo em espaços públicos.
   b) A escola deve promover uma educação acolhedora, com educadores sensíveis que tenham em vista considerar em toda área educacional todos os estudantes no que diz respeito a diversidade.
   c) Uma escola das diferenças não apenas considera a diversidade, mas também favorece o respeito a essa diversidade, porém isso só é possível em instituições particulares.
   d) A instituição escolar precisa reconhecer que cada aluno possui as mesmas maneiras de aprender, com ritmos e interesses pessoais.
   e) A escola não precisa conhecer quem são todos os seus alunos; com uma pequena amostragem, já é possível trabalhar.

Referências

ALMEIDA, T. J. B. Abordagem dos temas transversais nas aulas de ciências do ensino fundamental, no distrito de Arembepe, município de Camaçari-BA. *Condobá: Revista Virtual*, Salvador, v. 2, n. 1, p. 1-13, jan./jun. 2006. Disponível em: <http://revistas.unijorge.edu.br/candomba/2006-v2n1/pdfs/TeresaAlmeida2006v2n1.pdf >. Acesso em: 18 jan. 2018.

BRANDÃO, C. R. *A educação como cultura*. Campinas: Mercado das Letras, 2002.

BRASIL. Ministério da Educação e do Desporto. Secretaria da Educação Fundamental. *Parâmetros Curriculares Nacionais*: Terceiro e quarto ciclos: apresentação dos temas transversais. Brasília: MEC, 1998.

CORDIOLLI, M. *A formação de valores e padrões de conduta na sala de aula*: notas para um debate conceitual sobre transversalidade. Curitiba: A Casa de Astérion, 2006.

DEWEY, J. *Democracia e educação*: introdução à filosofia da educação. 3. ed. São Paulo: Nacional, 1897.

FREIRE, P.; GUIMARÃES, S. *Sobre educação*: diálogos. Rio de Janeiro: Paz e Terra, 1982.

GUSMÃO, N. M. M. Desafios da diversidade na escola. *Revista Mediações*, Londrina, v. 5, n. 2, p. 9-28, jul./dez. 2000.

LERNER, D. Ensenãr en la diversidad. *Lectura y Vida*: Revista Latinoamericana de Lectura, Buenos Aires, v. 26, n. 4, p. 6-17, dez. 2007.

LOPES, H. T. (Org.). *Negro e cultura no Brasil*. Rio de Janeiro: REVAN, 1987.

LUCK, H. *Metodologia de projetos*: uma ferramenta de planejamento e gestão. 2. ed. Rio de Janeiro: Vozes, 2003.

NÓVOA, A (Org.). *Os professores e sua formação*. Lisboa: Dom Quixote, 1997.

OLIVEIRA, M. K. *Vygotsky*: aprendizado e desenvolvimento: um processo sócio-histórico. Porto Alegre: Scipione, 2002.

PERES, A. N. *Educação intercultural*: utopia ou realidade? Porto: Profedições, 2000.

SOARES, M. B. *Linguagem e escola*: uma perspectiva social. São Paulo: Ática, 2003.

TRINDADE, D. F. *Interdisciplinaridade*: um novo olhar sobre as ciências. In: FAZENDA, Ivani (org.) O que é interdisciplinaridade? São Paulo: Cortez, 2008.

YUS, R. *Temas transversais*: em busca de uma nova escola. Porto Alegre: Artmed, 1998.

Leituras recomendadas

BARBOSA, M. C. S. Praticar uma educação para a diversidade no dia-a-dia da escola de educação infantil. In: FRANCISCO, D. A.; MENEZES, M. S. *Reflexões sobre as práticas pedagógicas*. Novo Hamburgo: FEEVALE, 2009.

HERNADEZ, F. *Transgressão e mudança na educação*: projetos de trabalho. Porto Alegre: Artmed, 1998.

ROSA, S. S. *Construtivismo e mudança*. 9. ed. São Paulo: Cortez, 1994.

Gabaritos

Para ver as respostas de todos os exercícios deste livro, acesse o link abaixo ou utilize o código QR ao lado.

https://goo.gl/UtyLJr